KB125003

스포츠-레저의 경영

스포츠-레저의 경영

초판 1쇄 인쇄·2017년 3월 6일
초판 1쇄 발행·2017년 3월 13일

지은이·정창복
펴낸이·이춘원
펴낸곳·시그널북스
편 집·이경미
디자인·블루
마케팅·강영길

주 소·경기도 고양시 일산동구 무궁화로120번길 40-14(정발산동)
전 화·(031) 911-8017
팩 스·(031) 911-8018
이메일·bookvillagekr@hanmail.net
등록일·2008년 4월 24일
등록번호·제396-00037호

잘못된 책은 구입하신 서점에서 교환해 드립니다.
책값은 뒤표지에 있습니다.

ISBN 979-11-85474-15-1 (93690)

스포츠-레저의 경영

SPORT-
LEISURE

정창복 지음

시그널북스

이 책을 읽는 분들께

지금 여러분이 보고 있는 이 책에서는 새로운 복합어인 'Sport-Leisure'의 개념을 심층적으로 정리하고, 그러한 개념이 급격히 변해가는 현대사회에서 어떻게 생활화되고 있는지 기술하였다. 나아가 진정한 여가를 누릴 수 있는 생활의 지혜를 찾아보고 앞으로의 추세를 전망해보았다.

최근에 널리 사용되고 있는 경영 개념을 이론적으로 이해하고 현재 우리나라의 체육 경영 실태를 파악한 후, 향후 추세에 대비한 Sport-Leisure 분야의 경영 전략을 세우는 데 조금이나마 도움을 제공하고자 하였다. 그리고 마케팅이란 무엇인지, 왜 필요한지, 효과적인 마케팅을 추구하려면 어떤 전략이 필요한지 등을 논하였다.

이 책은 대학교 교재에 초점을 맞추었지만 현직 실무자들에게도 도움이 되리라 생각한다. 제1장에서 다룬 Sport-Leisure의 구체적 정의는 모든 체육 전공자들이 반드시 한

번은 읽어야 할 부분이다. 체육, Sport, Leisure 모두 인간의 활동이며 사람들의 행위인 것이다. 제2장 Sport-Leisure의 경영은 사람을 통해서 실현되는 기술이고, 제3장 마케팅 전략은 사람을 대상으로 이루어지는 현상이기에 여러분은 'People Business'에 종사하고 있다고 할 수 있다. 그 주체인 인간 자체삼위일체를 다방면에서 심도 깊게 통찰, 관찰, 성찰해보았다.

2017년 2월
미국 워싱턴 주 밴쿠버에서, 정창복

4판에 부쳐

1994년에 초판이 나온 이래 많은 독자들의 꾸준한 성원에 23년이 훌쩍 지나갔습니다. 시대 변화의 흐름을 반영하기 위해서 몇 차례의 편집을 거쳐서 이제 4판Fourth Edition을 출간하게 되었습니다.

이번 4판은 독자들의 이해와 편의를 위해서 목차를 세분화했고, 미진했던 부분을 보완하거나 새로운 항목을 추가하여 완성도를 높였습니다. 또 리뷰를 명료하고 효과적으로 할 수 있도록 짜임새 있게 구성하였습니다.

아울러 중요한 부분에서는 핵심 개념을 요약하여 '개념정리'로 드러냄으로써 독자들의 집중도를 높이고 쉽게 이해하고 오래 기억할 수 있도록 하였습니다.

무엇보다 이 책의 가장 큰 장점은 독자들이 밑줄을 그으면서 읽을 필요가 없다는 점입니다.

이 책을 통해 순식간에 일어나는 배움을 경험하십시오.

차례

제1장

**Sport-Leisure의
개념정리**

Conceptualization
of Sport-Leisure

제2장

Sport-Leisure의 경영

Management of Sport-Leisure

제3장

마케팅의 전략

Marketing
Strategy

CONCEPTU
OF SPORT

Sport-
Leisure의
개념정리

ALIZATION
–LEISURE

레저산업이 급성장하고 있다. 삶의 질에 대한 관심이 높아지고
건강과 웰빙(Well-being)을 추구하려는 라이프스타일도 확산되고 있다.
1988년 서울 올림픽을 성공적으로 치른 것을 시작으로,
2002년 월드컵축구대회와 종합순위 5위의 업적을 낸 2012년 런던 올림픽을
치르면서 Leisure에 대한 관심과 참여는 더욱 활발해졌다.
또한 2005년부터 시작된 주 5일 근무제와 2012년 3월부터 시행된 주 5일
수업제가 여가형 사회로 접근하는 촉진제가 되었고,
조기 은퇴와 평균수명 연장도 한몫을 하고 있다.

'건강(Wellness)' 개념을 앞세워 우후죽순처럼 생겨난 사설 헬스클럽,
에어로빅 센터, 대규모 리조트들이 성황을 이루는 것은 국민들의 여가선용
증가에 따른 수요공급의 한 현상이라고 할 수 있다.
더욱이 아파트단지 내에 조성된 체력단련실, 수영장, 독서실 등은 여가생활과
주거생활을 분리하여 생각할 수 없음을 보여준다.

제1장에서는 이 같은 변화무쌍한 시대 상황에서 Sport-Leisure 분야가
일상생활에서 차지하는 범위와 문화에 미치는 영향을 전반적·객관적으로
검토한 후 새로운 'Sport-Leisure' 개념을 정리하였다.

01

스포츠–레저의 정의

Definition of Sport-Leisure

지금까지 Sport와 Leisure라는 단어는 여러 정의와 해석으로 사용되어왔다. 또한 서로 합쳐서 사용되기도 했다. 그러나 이 책에서는 서로 중복되는 분야만을 취급하기 위해서 'Sport-Leisure'라는 복합 용어를 사용하기로 한다.

Leisure, Sport, Sport-Leisure의 관계를 그림으로 나타내면 아래와 같다.

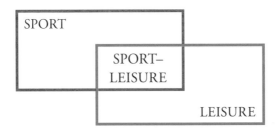

Sport-Leisure에 속하는 부분은, Sport 쪽에서 생각해보면

여가시간을 이용한 스포츠만이 포함된다. 또 Leisure 쪽에서 보면 활동적인 종목만이 포함된다. 가만히 앉아 TV를 보거나 독서를 하는 수동적인 행위가 아니라 신체를 활동적으로 움직여 하는 행위를 말한다.

그리고 양쪽에 공통적으로 필수조건이 되는 것은 참가자의 참여 의사다. 이는 자기 자신의 여가시간을 자발적으로 사용한다는 뜻이며, 종목도 자기 마음대로 선택한다는 의미이다. 자유로이 행하는 활동이기에 결과적으로 재미를 느끼고 보람을 얻게 될 확률이 더 많다. 그 활동을 가치 있다고 생각하기에 자주 또는 계속해서 그 활동을 하게 된다. 앞으로 이 책에서는 가치나 보람 또는 단순하게 어떤 의미를 부여하는 것을 간단하게 '재미'라고 표현하겠다. 즉, 'Sport-Leisure'라는 단어에는 여가시간의 이용, 자발적인 참여, 재미또는 가치라는 세 가지 조건이 필수적이다.

이런 광범위하고 복합성이 있는 개념일수록 명확하게 정립하지 않으면 앞으로 전개되는 논리를 이해할 수 없다. 물론 절대적인 정의는 될 수 없다. 다만 우리가 살아가는 시대에 맞게 또 우리가 서로 이해하기 쉽도록 하기 위한 노력인 것이다. 이제 다섯 가지 측면에서 이 새로운 단어, 'Sport-Leisure'를 분석해보자.

1) 무엇WHAT을 말하는가?

'Sport-Leisure'란 무엇을 말하는지 상식적인 면에서부터 접근해보자. 이것은 행동적 측면이며, 활동적인 Sport나 Leisure 행동만을 포함한다.

(1) 운동경기Athletics

가장 조직적인 단계로 모든 운동경기를 들 수 있다. 정해진 규칙과 규정에 따라 행하는 시합들로 조기축구나 마라톤 경기 등을 예로 들 수 있다.

(2) 게임Games

운동경기보다는 초보적이지만 다음의 세 번째 항목인 '신체활동' 수준보다는 진보된 단계이다. 간단하지만 지켜야 할 규칙들이 있다. 동네 아이들이 모여서 하는 공놀이나 말타기, 여자아이들이 즐겨 하는 공기놀이나 고무줄놀이 등을 예로 들 수 있다.

(3) 신체활동Activities

가장 기초적인 단계로 어떤 신체활동이든 건강 증진을 위한 것이라면 다 포함된다. 어린아이들이 줄넘기를 하고, 어른들이 아침에 뒷산을 오르고, 노인들이 건강을 위해 걷는 것 등이 모두 이 단계에 포함된다. 그러나 건축 공사장에서 벽돌을 등에 지고 나르는 행위는 제외된다. 목적이 건강 증진보다는 생계유지이고, 하고 싶지 않지만 할 수 없이 하기에 재미라는 조건이 결핍되어 있기 때문이다.

2) 누가WHO 하는가?

누가 누구와 함께 신체활동이나 게임이나 운동경기를 즐기는지 알아보자. 이것은 행동의 주체가 누구이며 사회적 측면은 어떤지 파악할 수 있다.

(1) 개인Individual

개인 각자가 혼자 하는 것이다. 신체활동 수준에서 많이 볼수 있다. 수영장에서 혼자 수영을 즐기는 사람, 골프연습장에서 혼자 스윙 연습을 하는 사람, 집 마당에서 줄넘기를 하는 사람 등이다. 이 밖에도 최근에는 조깅, 등산, 헬스가 각광을 받고 있다. 주 5일 근무제와 건강에 대한 관심이 증가함에 따라 개인 Sport-Leisure 분야는 많은 다양성을 띠게 되었다.

(2) 집단Pair/Group/Team

짝을 짓거나 그룹을 짜고 또는 완전한 팀을 만들어서 운동할 수도 한다. 뒷마당에서 둘이서 주거니 받거니 치는 배드민턴, 센터에 모여서 하는 에어로빅 클래스, 바다에서 볼 수 있는 스쿠버다이빙 모임, 한강시민공원에서 행하는 심야 농구팀이나 조기 축구팀들이다. 자기 혼자서 운동하기 싫은 사람이나 의지력이 약해서 오래 계속하지 못하는 사람에게 한 방편이 된다,

개념정리
Sport-Leisure No.3 조건:
재미를 느끼거나 가치를 인식한다.

(3) 단체 대표팀School/Company/Nation

대외적으로 거행되는 야구, 축구, 농구, 배구 시합에서 주로 볼 수 있는 일정한 집단 단위를 대표하는 팀들을 말한다. 특히 학교 대항 경기는 오랜 전통을 이어오고 있으며, 최근에는 회사 팀들 간의 경기도 활발하게 이루어지고 있다. 물론 올림픽 게임이나 아시안 게임 같은 국제시합에서 볼 수 있는 국가 단위의 대표팀도 포함된다. 그러나 대부분의 이런 시합들은 Sport의 정의에는 포함되지만 Sport-Leisure의 정의에는 포함되지 않는다. 여가시간의 이용, 자발적인 참여, 재미

의 세 가지 조건에 맞지 않기 때문이다. 관중의 수동적인 참여도 포함되지 않는다.

3) 어디WHERE에서 일어나는가?

Sport-Leisure가 행해지는 장소를 생각하면 된다.

(1) 가정Home

뒷마당에서 하는 줄넘기, TV 앞에서 하는 스트레칭과 에어로빅, 거실에서 타는 자전거 등 다양하며 종류가 점점 늘어나고 있다. '집'이라는 개념은 그 속에 위치하고 있는 안방, 응접실, 베란다, 마당 같은 공간을 포괄한다. 요즘 상류층에서는 집을 설계할 때 운동방Exercise Room을 두는 경향이 늘어나고 있으며, 운동방을 꾸미는 것이 여의치 않으면 운동기구를 들여놓을 수 있는 작은 공간이라도 준비하는 추세다. 기존의 집들은 지하실이나 가족 공동 공간을 운동기구나 자전거를 놓을 수 있게 개조하는 사례도 볼 수 있다.

이처럼 '집'이라는 장소가 Sport-Leisure에 미치는 영향은 점점 커져가고 있다.

(2) 이웃/동네/공원Neighbor/Community/Park

마을 주민에게 공개된 동네 학교·동산·가까운 공원에서 즐기는 Sport-Leisure, 지역 구민회관·YMCA·YWCA·보이스카우트·걸스카우트 프로그램을 행하는 장소를 말한다. 한 예로 한강시민공원은 인근 주민들에게는 아주 편리한 운동 장소이다. 최근에는 운동기구까지 설치한 곳도 있다. 아파트 단지에 들어선 스포츠 시설피트니스 센터, 골프연습장, 수영장도 증가 추세에 있다. 2009년 통계에 따르면 도시공원이 2,309개로 동네 체육시설둔치, 마을 공터, 약수터, 등산로 등로는 가장 많았다.

(3) 학교와 직장School/College/Company

엘리트 스포츠학교, 대학, 회사 팀를 제외하고 일정한 집단 안에서 행하는 프로그램을 말한다. 이를테면 학교의 체육시간 외에 행하는 방과 후 스포츠 활동, 대학 교내에서 진행하는 스포츠 클럽의 운동경기·게임·신체활동 등 모든 것을 포함한다. 나아가 우리에게는 아직 생소하지만 회사에서 직원들을 대상으로 하는 스포츠 프로그램과 동호인 활동도 이에 해당한다.

회사 차원에서 진행하는 스포츠 프로그램의 한 예로 국내에서는 처음으로 삼성중공업 창원1공장에서 조직한 럭비서

클을 들 수 있다. 어떤 회사에서는 사원들을 위해서 피트니스 시설이나 스포츠 시설을 조성함으로써 결과적으로 회사의 생산력을 높이고 사원복지비의료보험를 절감하는 효과를 얻는다고 한다. 그뿐만 아니라 공장에서 일어나는 사고율이 낮아지고 사원들의 사기는 높아지며 애사심이 강해지는 효과도 있다.

(4) 야외Outdoor

많은 사람들이 여름에는 해수욕장으로, 겨울에는 스키장으로, 봄가을에는 강과 산으로 움직인다. 그곳에 가서 참여하는 수영, 스키, 등산 등은 엄연한 Sport-Leisure의 개념에 속한다. 래프팅, 암벽타기, 산악자전거 등 모험성 레포츠 활동도 있다. 단지 먼 거리를 더 쾌적한 환경을 찾아서 이동해야 하기 때문에 교통, 숙박, 관광 등의 부수적인 문제가 따른다.

4) 언제WHEN 일어나는가?

Sport-Leisure는 여가시간에 하는 것이므로 시간적인 측면이 아주 중요하다. 하루 24 시간 중에서 자는 시간과 일하는 시간을 제외하고 남는 시간이 여가시간이다. 주말이나 휴가철에는 여가시간이 더 많다. 이 여가시간 이용이 Sport-Leisure 정의의 첫째 조건인 것이다.

(1) 자는 시간Sleep

개인에 따라 다르지만 보통 하루에 7~8시간은 잠을 자야 한다. 바쁜 사람들은 자는 시간을 줄이거나 변경하여 Sport-Leisure를 즐긴다. 밤낚시와 주말 새벽에 시작하는 골프를 생각하면 쉽게 이해할 수 있다.

(2) 일하는 시간Work/Study

일터에서 생계를 위해서 일하는 시간이나 학생들이 학교에서 공부하는 시간에는 그 주업에만 열중하게 된다. 프로 선수들이 직업적으로 수행하는 스포츠와 학생들이 체육시간에 의무적으로 받는 수업들은 이 Sport-Leisure의 정의에서 제외된다. 여가시간에 행하는 것이 아니기 때문이다. 업무시간에 골프를 친 군의관을 징벌했다는 TV 뉴스가 있었다. 업무시간과 여가시간을 뚜렷이 구별해야 한다는 판결이었다. 이론적으로는 "일이 있어야만 레저의 개념이 성립된다

No conception of Leisure without the presence of Work."

아리스토텔레스는 "노동의 목적은 여가를 얻는 것이다."라

고 했다. 여가란 일과는 무관한 활동으로서, 그것 자체에 의미를 두고 그 일에만 열정적으로 몰입하는 것이다. 여가 자체가 목적이다. 우리의 인생을 살맛나게 해주는 것이 바로 여가다. 삶은 여가활동에서 시작된다.

(3) 여가시간Leisure/Play

잠자고 일하는 시간을 빼고 남는 시간이 여가나 놀이시간이다. 여가시간에 청소년들은 축구나 농구를 하고, 성인들은 테니스나 골프를 친다. 거의 대부분의 놀이나 스포츠가 행해지는 시간은 이 여가시간이다. 경제와 문화 발전과 병행하여 여가시간은 점점 증가하고 있다. 이런 추세가 앞으로 Sport-Leisure 분야에 미칠 영향은 매우 크다.

여가시간만 증가하는 것이 아니라 여가의 중요성도 증가하고 있다. 말하자면 자는 것처럼 여가시간을 잘 이용하는 것도 현대생활에 지친 심신을 달래고 다음 날을 위한 에너지를 재충전하는 방법이다. 그러므로 일상생활을 건강하게 영위하기 위해서는 일하는 시간과 여가시간의 건전한 균형이 이루어져야 한다. 여가시간의 중요성은 오래전부터 잘 알려진 사실이다. 고대 그리스의 철학자 플라톤Plato은 "한 나라의 위력은 국가 운영 방법에 달린 것이 아니라 국민들이 어떻게 여가선용을 하고 있느냐에 달려 있다."고 했다. 다시 말해 여가시간을 자유롭게 영위할 만한 여유를 가져야 한다는 말이다.

지금까지 누가WHO, 어디서WHERE, 언제WHEN, 무엇WHAT을 행하는가를 살펴보았다. 요약하면 Sport-Leisure는 어느 국한된 사람만이 제한된 장소에서 지정된 시간에 선정된 운동 종목을 행하는 것이 아니라, 모든 사람이 어느 곳에서나 언제든지 여러 가지의 신체활동을 할 수 있어야 한다는 것이다. 한 가지 중요한 요인은 '언제WHEN'라는 항목을 '여가시간'으로 제한하는 조건이다.

모든 인간의 행동에는 목적이나 이유가 존재한다. 마지막 다섯 번째로 그 이유가 무엇이고 무슨 목적을 위해서, 그러니까 '왜WHY?' 하는지 알아보자.

5) 왜WHY 하는가?

무슨 이유 때문에 사람들은 Sport-Leisure를 하는가? 어떤 혜택을 원해서 또는 무슨 목적으로 행하는지 생각해보자. '인간은 삼위일체'라는 말은 옛날이나 지금이나 변함이 없다.

단지 Body신체, Mind정신, Spirit영의 세 가지 영역의 명칭과 구분하는 방식이 조금씩 달라졌을 뿐 근본적으로는 대동소이하다.

(1) 신체Body

인간의 몸에 관한 것을 말한다. 키가 자라고Growth, 힘이 세지고Strength, 운동기술Skill을 배우고, 몸이 건강Healthy해지고, 체력Fitness이 증진되는 것 모두 이 분야몸의 소관이다. 필요한 기본 기술을 습득한 후 Sport-Leisure 활동을 규칙적으로 행함으로써 체력이 증진되고 건강한 라이프스타일을 누리는 것이 가장 중요한 혜택이며, 또한 목적인 것이다.

전통적으로 체육과 스포츠의 근본 목적은 신체적 발달Physical Development이라고 여겨왔다. 일반 교육 분야에서는 생물학적Biological인 면이라고 칭하며, 미국체육학회에서는 이 분야를 심동적Psychomotor 영역이라고 한다.

(2) 정신Mind

인간의 정신에 관한 것을 말한다. 지식이 많아지고, 이해력이 풍부해지고, 기억력과 문제풀이 능력, 사물을 판단하는 데 도움이 되는 것들이 모두 이 분야마음의 소관이다. 간단히 말해서 똑똑해진다는 이야기다. 한 걸음 더 나아가 고생 끝에 기술을 배웠을 때, 중대한 일을 무사히 완수했을 때 오는 성취감Sense of Accomplishment, 혼자서 할 수 있다는 독립심 Independence, 상상력Imagination 등도 이 분야에 속한다. 최고의 미덕장점으로는 '성실함 또는 진실성'Sincerity을 꼽는다.

전통적으로 체육과 스포츠의 목적으로 신체적 발달과 더불어 정신적 발달Mental Development을 강조해왔다. 정신적 발달을 도모하면서 운동경기의 규칙을 배우고 역사적 배경을 공부하고 Sport-Leisure의 중요성과 그 혜택을 이해하게 된다. 일반 교육 분야에서는 심리적Psychological인 면이라고 칭하며, 미국체육학회에서는 인지적Cognitive 영역이라고 한다.

(3) 영靈, Spirit

인간의 영靈에 관한 것을 말한다. 이 영역이 개념 정의의 면에서 가장 통일이 안 되어 있는 영역이다. 왜냐하면 'Body' 와 'Mind' 분야는 명확하게 구분되고 과학적으로 많은 연구가 이루어졌으나, 영靈은 과학적으로 증명이 안 되는 분야이기에 주로 종교적 차원에서 다루어지고 있다.

성경에서 정의한 것을 살펴보면 영靈은 정신과는 대조적인 신적인 요소다. 인간을 사로잡아 긴장시키거나 움직이게 하는 역동적인 용어로 되어 있다. 이를테면 마음의 자세, 예술적 감각, 슬픔, 압도감, 후회, 냉담, 질투, 인내, 교만, 흥미, 용기 등이 그것이다. 보통 이 영역은 감정Emotion을 강조한다고 생각하면 된다. 희망을 느낄 수 있는 영성靈性, Spirituality과 웰빙의 연관성은 이미 증명된 바 있다.

학문적으로는 태도Attitude나 가치관, 사물을 감상Appreciation 하는 것이 대표적이지만 다음과 같은 추상적Abstract인 단어도 포함된다.

Self-Confidence/Dignity 자신감/숭고함

Values/Morals 가치관/도덕관

Fun/Emotion 재미/감정

Feeling/Motives 느낌/원동력

Relationships/Teamwork/Cooperation 대인관계/팀워크/협동심

Sportsmanship/Leadership 스포츠맨십/지도력

Competition 경쟁심

Maturity 성숙도

이 영적인 면에서 성숙한 사람은 평안과 안정을 유지하기 위한 만족감과 자신감을 추구한다. 이 분야는 전통적으로

체육과 스포츠의 목적 중 하나인 사회적 발달Social Development로 일컬어왔다. 공동사회의 일원으로서의 역할이나 다른 사람과의 관계 등을 취급한다. 일반 교육 분야에서는 사회학적Sociological인 면이라고 칭하고, 미국체육학회에서는 정의적Affective 영역이라고 한다.

결론적으로 Sport-Leisure는 신체Psychomotor, 정신Cognitive, 영Affective을 모두 포함한다. 즉, 인간은 '삼위일체'다.

삼위일체 이해

	영역	기능	성장	漢字
BODY	Physical/Psychomotor	Moving/기술	Growth/Strength	體(몸 체)
MIND	Mental/Cognitive	Thinking/지식	Knowledge/Imagination	知(알 지)
SPIRIT	Social/Affective	Feeling/태도	Self - Esteem/Appreciation	德(큰 덕)

인간이 Sport-Leisure를 행함으로써 얻는 것Benefits은 무엇일까? 이 질문에 간단히 대답한다면, Sport-Leisure를 잘 활용하면 몸은 건강해지

개념정리

인간은 삼위일체
Body: Skill(기술)
Mind: Knowledge(지식)
Spirit: Attitude(태도)

고, 기술과 지식이 풍부해지고, 스포츠맨으로서의 인격 성장은 물론 운동의 가치를 인식하게 되며, 미술이나 음악 같은 예술을 감상하듯이 Sport-Leisure를 감상하고 고마워할 줄 아는 사람이 된다는 것이다. 이러한 경지에 도달하면 누가 강요하지 않아도 자발적으로 Sport-Leisure를 계속하게 된다. 예술인이나 도인들이 추구하는 경지가 이런 것이 아닌가 생각하게 된다. 예술과 체육이 한 분야 '예체능 계열'로 구분되는 것과도 일맥상통한다.

요약하면 누가 여가시간을 이용해서 어느 장소에서 어떤 종류의 운동이나 게임을 자발적으로 행하느냐를 생각해보고, 가장 중요한 사항은 왜, 무슨 목적으로 Sport-Leisure를 실행하는지 이해하는 것이다. 위에서 서술한 기술 습득, 지식과 이해 증진보다는 그 과정에서 맛볼 수 있는 재미Fun, 즐거움, 기쁨 같은 정서적인 혜택이 더 중요하다. 라틴어에서 온 감정Emotion의 뜻은 'To Move'이다. 감정과 행위Actions 사이의 연결성을 뚜렷이 암시하고 있다.

개념정리
Sport-Leisure No.2 조건:
자발적으로 시도한다.

감정을 동기유발의 한 방편으로 잘 이용하면 운동을 작심삼일이 아니라 오래 계속적으로 할 수 있다는 연구보고서도 있다. 이것이야말로 각자가 생각뿐인 Sport-Leisure를 실천으로 옮길 수 있도록 하는 원동력이 되기 때문이다. 더욱이 재미와 즐거움과 더불어 만족감이나 성취감을 종종 느낄 수 있다면 그런 기회나 행동들을 가치 있게 생각하고 고맙게 생각하게 된다. 또 가치 있게 여기므로 계속 반복하게 되고 자연스럽게 생활화가 될 수 있다. 이를테면 〈생활의 달인〉이라는 TV 프로그램에 등장하는 달인들이 이구동성으로 하는 말이 '자신이 좋아서', '즐거워서', '재미있어서' 열심히 하다 보니 달인의 경지까지 이르게 되었다는 것이다. 현재까지의 인간의 삶은 의식주를 해결하는 것이 목적인 '리빙Living'의 시대였다면 미래는 삶의 즐거움재미 자체가 목적이 되는 '라이프Life'를 추구하는 시대다.

지금까지 Sport-Leisure의 정의를 다섯 가지 측면WHAT, WHO, WHERE, WHEN, WHY에서 논하였다. 한 번 더 강조하면 Sport-Leisure의 개념을 정의하는 데 세 가지 요건이 필수조건이다.

개념정리
Sport-Leisure No.3 조건:
재미를 느끼거나 가치를 인식한다.

이 세 가지 조건이 맞는다면 어디WHERE에서 무엇WHAT을 누가WHO 하는지는 별문제 없이 모두 Sport-Leisure에 포함시킬 수 있다. 반대로 세 가지 중 하나만이라도 결핍되면 (진정한 의미에서는) 이 정의에 포함시킬 수 없다.

개념정리

Sport-Leisure의 필수조건:
1. 여가시간(Play/Leisure Time) 이용
2. 자발적(Voluntary) 참여
3. 재미와 만족(Fun & Satisfaction)

02

이중 목적

Dual Objectives of Sport-Leisure

신체, 정신, 영은 다시 전통적인 체육 목표에서 강조해온 운동기술과 게임을 위한 기술/게임 목적Skill/Game Objectives과 최근 첨부된 일상생활에서 필요한 피트니스를 위한 피트니스 목적Fitness Objectives으로 나누어진다. 아래 도표에서 보듯이 심동적 영역을 횡적으로 생각해보자. 운동시합을 위한 기본기술 습득도 중요하지만 건강 유지를 위한 규칙적 운

	Skill/Game Objectives	Fitness Objectives
Psychomotor (심동적)	Perform Basic Skills Play Games/Sports	Regular Participation Physically Fit
Cognitive (인지적)	Understand Rules/ Regulations	Understand Benefits/ Fitness Components
Affective (정의적)	Value Self – Confidence Sportsmanship/Leadership	Value Physical Activity Healthy Lifestyle

동 또한 중요하다는 것이다.

종적으로 기술/게임의 목적으로 보면 스포츠 활동을 계속하면 운동기술이 향상되고, 운동에 대한 지식이 풍부해지고, 결과적으로 자신감이 생긴다는 것이다. 피트니스 목적으로 보면 운동을 규칙적으로 하면 건강해지고, 그 밖에 모든 혜택을 이해하게 되어 운동의 가치를 높이 평가하는 건강한 생활 태도로 바뀐다는 것이다.

중·고교 교육과정 연구에 따르면 고등학교 체육은 경기를 즐길 수 있는 운동 기능과 건강한 생활을 영위할 수 있는 체력을 기르고, 운동의 과학적 원리 및 건강에 관한 지식을 이해하며, 운동을 생활화하고 민주적 생활 태도를 지니도록 하는 데 중점을 두고 있다. 전통적으로 학교 체육 프로그램의 목적 중에서는 기술 습득과 게임이 무엇보다 먼저이며, 피트니스 목적이 두 번째, 지식이 세 번째인 것이다.

어떤 프로그램이든 기술 습득과 체력 증진의 두 가지 목적을 모두 포함해야 하며, 또 세 가지심동적, 인지적, 정의적 영역을 모두 다루어야 한다.

그러나 우리 Sport-Leisure 프로그램의 목적은 학교체육과는 달리 정의적 영역에 초점이 맞춰져 있다. 흥미, 동기유발, 감정의 요인들이 행동에 끼치는 영향은 지대하기 때문이다. 즉, 이 분야의 교육을 받은 사람은 일생 동안 즐길 수 있는 신체활동을 중요시할 뿐만 아니라 규칙적으로 신체운동을 실천하고 그것이 건강한 생활방식에 끼치는 영향을 높이 평가하게 된다.

03

삼각관계

Conceptual Relationship Among Three

세 가지Body, Mind, Spirit의 관계는 어떤 것일까? 세 가지가 따로 떨어져 있는 것이 아니라 모두가 합쳐져 서로 연결되어 있기에 한 가지만 꼭 집어서 다룰 수 없다. 그러나 Body가 Mind와 Spirit의 기본이 되는 것은 틀림없는 사실이다. 반면에 Mind와 Spirit이 Body를 조정하는 것도 사실이다. 세 가지 영역이 다 중요하다는 뜻이다.

이들이 모두 합쳐져 전체를 이룬다(제1장의 전인적 시각 참고). 시각적인 효과를 위해 이들의 관계를 그림으로 표현하면 아래와 같다.

기초 동작의 연습, 유연성 운동, 에어로빅교실에서 하는 율동 등 모든 움직임은 BODY 분야에 속한다. 정신 집

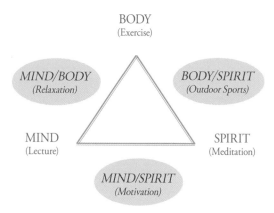

중력이 필요한 암벽타기, 춤, 권투 등은 MIND/BODY에 속한다. Mind는 지적인 분야로 강의를 듣는 것, 책을 읽는 것, 운동경기 규칙이나 작전을 배우고 기억하는 것 등을 말한다. 스크립스 대학Scripps College 학자들이 40~50대를 대상으로 조사해보니 규칙적인 운동을 한 사람들의 사고력Brain Power이 20%나 증진되었다는 결과를 얻었다. 이 사실은 Body와 Mind의 관계를 증명해주는 것이다. 정준양 전포스코 회장은 '놀이'를 잘하면 창의력이 발현된다고 믿고, "잘 노는 포스코인을 만들어주었으면 좋겠다."라고 임직원에게 주문했다. 같은 맥락의 연구로 기억력, 사고력, 문제 해결력도 모두 우수해졌다는 결과도 발표된 바 있다.

규칙적인 운동을 통해 생활습관을 개선하면 우울함, 스

트레스 등 마음의 문제와 고혈압, 당뇨 같은 신체 문제가 함께 좋아진다. 이미 충분한 MIND/BODY 연구가 이를 증명해준다.

MIND/SPIRIT의 관계는 동기유발이 인지적 배움에서 매우 중요하다는 사실을 증명한다. 어떤 감정이라도 그것에는 반드시 인지적인 상대가 있기 마련이다. 한 인간의 정서 생활을 알기 위해서는 그 사람의 대인관계와 세상 사물에 대한 생각을 알아보면 된다. 또 단체경기에서 많이 볼 수 있는 대인관계나 팀워크, 승부나 경쟁력, 유단자가 되겠다는 동기유발 등을 생각해볼 수 있다.

SPIRIT은 종교에서 많이 다루듯이 영적인 면이다. 감사하는, 용서하는, 사랑하는 마음을 우리의 가슴에 가득 채우려는 것이 종교 생활이다. 명상Meditation할 때나 조용한 곳을 산책할 때 느끼는 경험을 예로 들 수 있다. 마음을 편안하게 비우면 자신의 영혼도 편안하게 된다.

BODY/SPIRIT은 영적 운동Spiritual Exercise이라고 할 수 있는 요가나 댄스, 타이치T'ai Chi나 태권도 같은 무술경기를 포함한다. 또 탐험 여행이나 깊은 산속에서 혼자 즐기는 스키, 조용히 산책하고 사색을 즐기는 여유도 생각할 수 있다. 규칙적인 운동이 스트레스 해소에 많은 혜택을 준다는 사실도 이 부분에 속한다는 것을 명심해야 한다.

SPIRIT/BODY의 관계를 살펴보자. 감정적인 면이 신체에 주는 영향도 크다. 우리는 직장에서나 일상생활에서 자주 스트레스, 과로, 긴장, 걱정 등을 무수히 경험한다. '우리나라 성인 10명 중 6명은 항상 불안감을 느낀다'는 교보생명 설문조사 결과가 있었다. 해결책으로 남성들의 67%가 술과 담배를 애용한다고 한다. 감정적으로 긴장된 사람은 신체적으로도 긴장되어 있다. 근육이 수축되고, 혈압이 올라가고, 식은땀이 난다. 반대로 운동을 함으로써 감정적인 긴장이 풀리고, 스트레스는 해소되며, 성생활도 호전된다고 한다. 틱낫한 스님의 '걷기 명상'은 걷기로 화를 다스리는 수행법이다. 발이 땅에 닿는 그 순간을 자각하고 또 호흡을 자각하면서 걸으면 마음이 편안해지고 화가 풀린다.

규칙적인 운동을 할 줄 알고 그 운동이 가져다주는 혜택을 이해하는 사람이라도 결단력이 부족하면 실천하지 못한다. 그런 사람은 다른 사소한 이유를 들면서 변명하겠지만, 그것은 영적인 힘Muscle이 약한 탓이다. 신체 근육을 강하게 단련하듯이 정신적인 근육과 영적 근육도 규칙적인 단련과 훈련으로 발달시켜야 한다. 정신 근육을 발달시킴으로써 치매를 방지할 수 있고, 단련된 영적 근육은 근심걱정을 줄이고 마음의 평안을 찾게 한다.

Body와 Mind의 관계를 말하는 "To know is to see."와 Mind 와 Spirit의 관계를 말하는 "To think is to do."라는 격언이 있다. 또 "Body의 오감Five Senses을 통해서 사물을 관찰하고, Mind를 통해서 읽고 설명하고, Spirit을 통해서 실천하면서 문제를 해결한다."는 옛말도 있다. 장수들을 평가할 때도 Body 면에 강하면 용장勇將이라고 명하고, Mind 쪽이 현명하고 똑똑하다면 지장智將, Spirit이 특출한 장수는 덕장德將이라 구분했다고 한다.

04

시각 분석

*Dual Objectives of Sport-Leisure Visual
Analysis of the Relationship*

인간이라는 생물체를 형성하고 있는 이 세 가지 영역을 따로 떼어서 생각한다는 자체가 모순이지만 독자들의 이해를 돕기 위해 시각적인 시도를 해보았다. 아래의 도표를 보자.

왼쪽 칸에는 건강 상태Status를 수준별로 나누어 표기했다. '최상의 건강 상태'Wellness를 '100', '최악의 건강 상태' Illness를 '0', 그 중간을 '25', '50', '75'로 하여 건강 상태를 대표적인 다섯 가지로 구분했다.

즉, BODY 영역에서 최상의 상태는 체력이 완벽한 상태고, 최악의 상태는 병에 걸려 몹시 앓고 있는 상태다. MIND 영역에서는 총명한 상태로부터 정신이상의 상태까지며, SPIRIT 영역은 근심·걱정이 없는 평안한 상태로부터 스트레스를 받아서 모든 것을 포기하고 자살하고 싶은 심각한 상태까지를 포함한다.

오른쪽 칸에는 대표적인 다섯 가지 건강 상태를 기준으로 나눈 네 가지 단계를 표기했다. 현재 처해 있는 상태에서 더 좋은 상태로 올라가려는 노력 단계Stage로 생각하면 된다. 최상의 건강 상태에 속한다면 이 현상이 계속 유지되도록 노력해야 하는 단계Maintenance, 건강하지만 조금 더 건강 증진에 힘써야 하는 단계Promotion, 건강이 좋지 않아서 병에 걸리지 않도록 조심하고 예방에 힘써야 하는 단계Prevention, 마지막으로 병에 걸려 있기에 우선 병을 고쳐야 하는 단계Cure로 구분했다.

Sport-Leisure 목표 이해도

Status	BODY	MIND	SPIRIT	Stage
WELLNESS 100 –	(Fit)	(Intellectual)	(Peaceful)	– 100 Maintenance
HEALTHY 75 –				– 75 Promotion
SEDENTARY 50 –	(1) – – – × – – – × – – – ×			– 50 Prevention
WEAK 25 –				– 25 Cure
ILLNESS 0 –	(Sick)	(Insane)	(Stressful)	– 0

도표를 보자. 먼저 각자가 현재 위치하고 있는 점들을 찾아낸다. 예로 표시한 직선 (1)에서 보듯이 세 영역에서 골고루 '50'에 위치하고 있다. 즉, 몸은 아프지 않지만 아주 건강한 상태도 아니다. 눈에 안 보이는 인지적인 면은 보통의 정신 상태이다. 정의적 면도 별로 문제가 없는 상태라고 생각할 수 있다. 그렇다면 이 사람을 위한 Sport-Leisure 목표로는 거리가 먼 이상적인 '90'이 아니라 지금 처해 있는 상태보다는 조금 좋은 '55'나 '60'이 적당하다.

그다음, 어느 노력단계에 속해 있는지를 알아보려면 오른쪽 칸에 나열된 점수들 사이에 표기된 네 가지 건강 상태를 살펴보면 된다. 직선 (1)은 '50'이니 운동이 부족한 상태Sedentary이므로 앞으로 운동을 꾸준히 해야 하는 진전Promotion 단계에 속하며 아직 유지Maintenance 단계는 아니다. 다시 말해 지금 상태보다 조금 더 좋은 상태가 되도록 노력Improve해야 하는 시점이므로 지금 상태에 만족하거나 이 상태를 계속 유지하겠다는 생각은 잘못된 것이다.

이렇게 심동적Body으로 'Sedentary' 상태에 있는 사람에게는 건강 증진Promotion에 힘써 'Healthy'한 상태로 올라가는 것이 목표이며, 이것이 Sport-Leisure를 해야 하는 이유이고, 또 그 결과는 자신에게 돌아오는 보답이다. Wellness

Councils of America의 발표에 따르면 노동력의 50~60%가 이 상태에 속한다고 한다. 그 때문에 그들의 건강유지비가 36% 더 많이 소비되며, 30% 더 많은 결석률을 초래하고 있는 실정이라고 한다. 이것은 막대한 손실이다.

이렇게 안이한 생활태도가 가져오는 시간적, 재정적인 손해와 위험성을 인식하여 상태가 더 악화되지 않도록 방지Prevention해야 한다. 더욱이 병에 걸리지 않도록 미리 방지·예방하는 것은 물론 이런 안이한 생활방식을 버리고 건강 증진을 위한 노력이 필요하다.

깊은 물속에서 제자리에 떠 있으려면 물에 빠지지 않도록 팔다리를 계속 움직여야 하고, 앞으로 나아가려면 수영을 해야 한다는 것이다. 계속해서 팔다리를 움직이는 사람은 물에 빠질 걱정을 할 필요가 없지만, 제자리에 머물러 있는 사람은 가라앉지 않기 위해서는 무엇보다 먼저 필사적으로 노력해야 한다. 이것이 방지의 원리다. 이러한 노력도 하지 않는 사람의 건강 상태는 자신도 모르게 마치 물에 가라앉듯이 점점 나빠지고 있다는 사실을 명심해야 한다. 소 잃고 외양간 고치는 것의 반대되는 개념인 "PREVENTION is better than CURE!"이다.

인지적Mind인 건강을 생각해보자. 일생 동안 계속해서 배울 수 있고, 이미 알고 있는 지식이나 기술을 자기가 세운 목적·목표를 위해서 이용할 수 있어야 한다. 그러나 이 분야가 약하면 목표의식이 뚜렷하지 못하며, 그렇기 때문에 실천하기가 더욱 어려워진다. 또한 뚜렷한 목표는 세웠지만 꾸준하게 실천을 하지 못하는 '작심삼일'의 결과를 초래한다. 일을 미루는 버릇은 동기유발에 상반되는 개념으로, 부정적이고 에너지만 낭비하는 아주 나쁜 생활습관이다.

정의적Spirit인 면의 건강은 건전한 생활방식을 말한다. 이런 생활방식은 웬만한 스트레스를 잘 소화하고, 자아를 인식함으로써 자격지심을 없애버리며, 자아실현을 통하여 자아상과 자부심을 형성한다. 이런 사람일수록 생활에 만족하고 자기가 하는 일에 자신감을 가지며 대인관계도 무난하다. 좀 더 나아가 안정감과 마음의 평안까지도 누릴 수 있게 된다. 이것이야말로 모든 인간이 추구하는 경지가 아닌가? 앞서 감정적인 면이 가장 중요하다고 서술한 이유가 여기에 있다.

그렇다면 다음의 도표에 표시된 직선 (a)와 (b)는 무슨 뜻일까? 또 구부러진 선 (c)는 무엇을 의미하는가?

Sport-Leisure 목표 이해도의 예

Status	BODY	MIND	SPIRIT	Stage
WELLNESS 100 –	(Fit) (a) ×	(Intellectual) *	(Peaceful) +	– 100 Maintenance
HEALTHY 75 –				– 75 Promotion
SEDENTARY 50 –	(c) *			– 50 Prevention
WEAK 25 –	(b) +		* ×	– 25 Cure
ILLNESS 0 –	(Sick)	(Insane)	(Stressful)	– 0

직선 (a)는 심동적으로는 좋으나 정의적으로는 매우 나쁜 상태를 표시한다. 신체는 상위권의 건강 상태이며 정신적으로도 이상이 없다. 그러나 감정적으로 불안하고 초조한 상태이다. 직선 (b)는 반대로 신체적으로는 무척 아프나 정서적으로는 무척 강한 사람이다. 암에 걸려 고생하고 있지만 두터운 신앙심을 가지고 투병하는 용감한 환자가 이에 해당한다. 꺾인 직선 (c)의 좋은 예로 1993년 11월 4일자 『동아일보』 1면에 실린 '서울대생 정서안정성 낮다'라는 톱기사를 들 수 있다. 지적 능력은 뛰어나지만 일반인보다 정서가

크게 불안하고 인간적 성숙은 뒤떨어진다는 조사 결과를 다룬 내용이었다. 이에 따르면 재학생보다 신입생이 건강했지만 신입생의 27.5%나 불안 상태였다. 또 여학생이 남학생보다 더 불안한 것으로 나타났다.

이 같은 시각적 분석은 세분화한 건강 상태를 한눈에 알기 쉽게 제시하는 데 그 목적이 있다.

05

전인적 시각

삼위일체란 신체, 마음, 정신이 하나라는 의미다. 세 가지 측면이 단순하게 결합된 것이 아니라 서로 융화Integration 되어서 이루어진 전인全人, Whole Person임을 강조한 개념이다. 최근 미국 교육계에서도 '전인교육Educating the whole child'을 강조하고 있다. 인간은 생각하고 느끼고 행동한다. 사고와 감정과 행동은 일방적인 영향을 주는 것이 아니라 서로 끊임없이 상호작용한다. 내 몸물질과 내 뜻마음이 둘이 아니라 하나인 것이다. 물질과 마음, 이 두 가지가 결합되어 있는 것이 아니라 물질이면서 마음이라는 이 중요한 사실 때문에 이 두 가지가 아무런 모순 없이 양립할 수 있다. Sport-Leisure 개념 정리에서 잊어서는 안 될 시각이자 관점이다.

1) 웰니스Wellness

앞의 도표에서 예로 들었던 세 가지 직선을 볼 때 종적으로는 가능하면 높은 숫자점수일수록 좋다. 아픈 사람Ill Person보다는 건강한 사람Healthy Person이 좋고, 건강한 사람보다는 'Well Person'이 우리 분야가 추구하는 대상이다. 심신만이 건강한 상태가 아니라 세 가지 영역이 하나로 연결되어 있으며 항상 균형을 잡고 있어야 한다. 즉, Physical, Spiritual, Mental 영역에서 각각 웰니스에 가까운 점수를 고루 갖춘 사람이 이상적인 사람이다. 웰니스에 접근한다는 뜻은 단순히 현재의 건강 상태를 지킨다는 소극적인 자세인 유지 단계Maintain로부터 좀 더 총괄적이고 향상된 건강 상태를 창출하려고 계속 노력하는 능동적이고 긍정적인 개념이다. 웰니스 단계에 도달한 사람들은 충분한 건강 지식과 Sport-Leisure 기술과 가치관을 가지고 규칙적으로 Sport-Leisure를

> **개념정리**
> '웰니스'는 최적의 건강 상태다. 단순히 병이 없는 상태가 아니라 심동적, 인지적, 정의적 건강이 총괄적으로 향상된 삶의 질을 의미한다.

즐기는 건강한 생활 패턴의 소유자일 것이다. 웰니스야말로 Sport-Leisure 분야가 추구하는 역동적인 개념Dynamic Concept for a Lifetime이다.

일반적으로 특별히 아픈 곳이 없으면 건강하다고 생각한다. 질병이 없는 상태란 오직 출발점50점일 뿐이다. 아프지 않다는 현실에 안주하지 말고 좀 더 높은 점수를 취득하려고 꾸준히 노력해야 한다. 여기에 영적인 건강과 심리적 측면의 건강도 잊어서는 안 된다. 인간은 삼위일체이기에 한 면이라도 소홀히 하면 전체가 타격을 받는다. 항상 전인적 시각으로 건강 상태를 살펴보아야 한다. 스포츠에서 강조하는 '사람과 사람 사이'의 팀워크도 중요하지만 인간 내부 간의 팀워크-통합Integration-도 중요하다. 건강한 몸, 맑은 정신, 여유로운 삶을 위해서는 자신의 현 상태를 정확히 파악한 후 달성 가능한 목표를 설정하고, 그 목표를 이루기 위한 세밀한 계획을 세워 꾸준히 실천한다면 웰빙Well-being의 경지에 도달할 수 있다(제2장의 경영의 네 가지 기능 참고).

2) 웰빙Well-being

세계보건기구WHO는 육체적인 질병뿐 아니라 정신적·사회적 질병도 없는 상태가 건강하고 행복한 삶Well-being이라고 정의했다. 물질보다 정신을 중시하고 여유로운 생활을 말한다. '사회적Social'이란 대인관계를 말하며 무엇보다 사회생활을 영위함에도 문제가 없어야 한다는 뜻이다. 먼저 자기 자신의 세 가지 영역을 잘 발달시키고 융화를 한 후에 타인과의 관계를 생각해야 된다.

한국에서는 성급하게도 '남과 나누는 삶'을 먼저 강조하고 있다는 느낌이 든다. 받는 것보다 주는 것이 삶을 완전하게 만들며 진정한 웰빙이라면서 말이다. 그러나 남에게 피해를 주지 않기 위해서는 자신의 건강이 우선이어야 하지 않을까? 나아가 가정도 원만히 잘 돌아가야 그다음에 사회로 눈을 돌릴 수 있는 것처럼 모든 일에는 순서가 있다. 가장이 아파서 입원해 있는데 부부생활이 정상적일 수 있을까? 그 가정이 행복하다고 생각할 수 있을까? 부부 사이에 불화가 끊이지 않으면서 자식들에게 모범이 될 수가, 더욱이 남에게 나눠줄 여유가 생길까? 앞뒤가 바뀌면 낭패하기 마련이다.

최근에 우리나라에 널리 퍼지고 있는 '웰빙'이라는 개념을 좀 더 자세히 생각해보자. 우리말로 '참살이'라고 한다. '잘 사는 것', '잘 먹고 잘 살자!'라는 식으로 남용되고 있는 안타까운 면도 있지만, 몸과 마음의 조화를 통해 건강한 삶을 추구한다는 건전한 면도 있다.

웰니스개념에서 웰빙실천 단계로 진보하려면 영양과 몸무게 조절, 스트레스 조절, 술·담배·약물남용, 운동 부족 등 기본적인 문제를 해결하고 각자의 가치관을 세우고 또 행동으로 실천할 수 있어야 한다. 웰빙이란 능동적이고 긍정적인 웰니스 개념이 현실로 나타나는 것이다. 실천으로 옮겼을 때에 일어나는 행위적인 결과에 의해 웰빙 라이프스타일Well-being Lifestyle이 이루어진다. 건강한 삶, 행복한 삶이란 쉽게 얻어지는 것이 아니지만 모든 국민들이 추구하는 삶이라는 것에는 이견이 없다.

웰빙 붐이 상업적으로 소비문화무공해 식품, 공기청정기, 알코올 18.5도 웰빙 소주를 조장하는 반면 기업들도 사업 다각화를 위한 웰빙 전략을 택하고 있다. 웰빙 아파트를 생각해보자. 환경 친화 마감재 사용과 공기정화 시스템 보급은 물론 헬스클럽이나 스포츠 센터까지 갖추고 있다. 소비자들에게 더욱 친숙한 기업으로 거듭나기 위해서 코오롱그룹의 경우, 그룹 내 모든 분야에서 '웰니스 플러스' 사업을 추진하고 있다.

스포츠 산업도 웰빙 특수를 누리고 있다. 피트니스, 마라톤, 등산, 요가 등 각각의 스포츠에 적합한 기능을 갖춘 운동복이 불티나게 팔리고, 건강 유지나 자연친화적인 제품이 개발되고, 개인 맞춤형 프로그램이나 실버 세대를 겨냥한 프로그램이 널리 보급되고 있다. 최근에 개장한 피트니스 센터나 스포츠 클럽들은 새로운 라이프스타일인 '웰빙 라이프'와 '웰빙족' 등의 새로운 단어를 소개했다. 한 발 더 나아가 하나은행은 웰빙 라이프를 추구하는 고객들의 성향에 맞춰 웰빙 라이프 스케줄 매니저가 되어드리겠다고 장담하고 나섰다. 소수 부유층이나 누릴 수 있는 화려한 생활방식이 아닌, 또 일시적인 붐이 아닌 진정한 삶의 질을 높일 수 있는 진정한 라이프스타일로 정착되길 바란다.

진정한 '참살이'는 몸과 마음의 조화를 통해 건강한 삶을 추구한다는 건전한 뜻이다. 이런 '건강하고 행복하며 번영하고 있는 상태'란 쉽게 이룰 수 없지만 모든 사람들의 희망 사항이다. 젊어서 어렵게 웰빙의 경지에 도달한 사람만이 세월과 더불어 잘 늙을 수 있고Well-aging 나아가 잘 죽는 것Well-dying으로까지 이어질 수 있다.

개념정리

'Wellness-A way of Life'
Well-being
Well-aging
Well-dying

3) 로하스LOHAS

로하스LOHAS는 'Lifestyles of Health and Sustainability'

의 약자이다. 1970년대 일어난 피트니스 붐을 시작으로 1980~90년대의 웰니스에서 웰빙 라이프스타일을 거치면서 최근에 와서는 로하스 개념으로 발전했다. 전체적인 건강은 물론 자아를 성찰하고 환경 친화에 주안점을 두고 있다. "Healthier, Happier, Greener"라는 슬로건이 그 목적을 잘 대변해준다. 일상생활에서는 하이브리드나 전기 자동차를 선호하고, 대체의학에도 민감하며, 사회적으로나 환경적으로 책임지는 삶을 추구하는 실천운동이다. 우리 전공 분야에서는 요가, 유기농 옷과 음식, 생태관광Eco-Tourism 등이 유행하고 있다. 아직까지는 웰빙 라이프스타일에서 보듯이 부유층의 전유물로 진행되고 있는 현상이다.

최근 신축되는 고급 아파트 단지에는 특화된 커뮤니티 시설이 들어서고 있다. 골프연습장, 사우나, 헬스 센터는 물론이고 북 카페나 대규모의 인공암벽이 설치되는 곳도 있다. 이 같은 커뮤니티 시설은 아파트의 가격을 좌우하기도 하지만 주민에게 아파트에 대한 자부심을 상승시키는 효과가 있다.

4) 감정지수Emotional Intelligence

사고 싶은 물건을 보면 여자들은 피가 솟구친다. 보편적
인 생리현상이란다. 사람은 감정의 지배를 받는다. 무엇을
하든 감정에 의해 진행된다. 의사 결정을 할 때 이성적 사
고의 역할은 우리가 이미 감성적으로 내린 의사 결정을 확
증하는 것뿐이란다. 이렇게 우리 감정이 일상생활을 지배
하고 있다. 감정을 잘 이용할 수 있으면 인생을 성공적으로
끌고 갈 수 있다는 말이다. 제3장에서 취급하는 '감성 마케
팅'도 이런 맥락에서다.

미국의 심리학자 대니얼 골먼Daniel Goleman은 감정지수EQ가
일상생활에 미치는 감정의 중요성을 인지하고, 이를 적절히
사용할 수 있는 능력을 다
섯 가지 영역으로 구분했다.

> **개념정리**
> People are ruled by their emotion.
> 인간은 감정의 동물이다.

즉, 자신의 정서 상태 알기,
자신의 감정 조절하기, 동기
부여하기, 주위 사람들의 감정을 잘 파악하기, 그리고 원만
한 대인관계 유지하기다.

지능지수IQ가 인지적이라면 감정지수는 정의적인 것이다. 21

세기에는 지능지수보다 감정지수가 높은 사람이 사회에서 더 성공할 확률이 높은 세상이 될 것이라고 한다. 감정의 중요성을 대표하는 말이다. 즉, 신체를 중요하게 여기던 시대는 이미 멀리 가버렸고, 논리나 지성을 강조하는 시대도 슬며시 사라져 간다는 말이다.

더욱이 감정지수가 앞에서 정의한 Sport-Leisure의 의미를 더욱 실감나게 하는 것 같다. 즉, 정의적Spirit인 면이 건전한 생활방식에 영향을 미쳐 스트레스를 소화할 수 있고 자아상과 자부심까지 생기게 하는, 현대사회에서 없어서는 안 될 필수조건이라고 서술한 바 있다. 다른 사람을 이해시키고 협동심을 끌어내어 그들을 이끌어 나갈 수 있는 능력 또한 이 정의적 영역에 속한다.

실제로 감정지수를 배우고, 접하고, 활용할 수 있는 분야는 교실이나 학교가 아닌 Sport-Leisure의 현장인 것이다. 자기가 좋아하는 레저 활동을 즐기면서 감정지수까지 발달시킬 수 있다면 금상첨화가 아니고 무엇인가?

감정Emotion의 역할이 모든 인간사에서 더욱 부각되고 있는 까닭에 이 감정 분야를 정의적Spirit 영역에서 파생된 독자적인 영역으로 취급하는 저서들도 간혹 눈에 띈다. 인간을 '사위일체四位一體_ Body, Mind, Emotion, Spirit로 보는 것이다.

5) 자연과의 일체감Oneness with Nature

　자연이란 생태적 환경뿐만 아니라 시공간우주이 변화해가는 리듬흐름, 운동을 통틀어 말한다. 인간의 삶도 대자연의 질서 속에서 진행 중인 한순간의 움직임일 뿐이다. 'Oneness'란 자연계와의 일체감을 표현하는 단어로 '세상의 모든 것은 서로 관련이 있거나 하나로 연결되어 있다'는 뜻이다. 즉, '나人間와 자연은 하나다.

　좀 더 구체적으로 알아보자. 첫째, 내부적Intra-으로 나의 안쪽을 들여다보면 삼위일체Body, Mind, Spirit인 자신Self은 조화롭게 하나로 행동할 수 있어야 균형이 잡힌, 높낮이가 없는, 건강한 사람이라 할 수 있다(제1장의 웰니스와 웰빙 참고). 전인적Holistic이란 전체적으로 접근하려는 인간의 본성이다.

　둘째, 상호간Inter-의 관계를 쳐다보면 자신과 바깥세상과의 유대관계를 형성하고 있다. 가족, 친지, 사회와 더불어 살아간다. 무난한 사회생활을 유지하기 위해서는 나와 너를 초월해 우리We 개념으로 대인관계를 넓혀야 한다. 나는 한국 사회의 일원이며 지구 시민, 우주의 국민이다.

　셋째, 초월적Trans-인 환경 차원에서 이해하려면 나와 내가 처해 있는 주위 환경 및 대자연과-다양한 측면과 수많은 단계에서-상호 교감하는 것을 배워야 한다. 그러러면 자신이 하고 있는 일에 몰입할 수 있어야 한다. 나와 일이 하나가 되고, 지금 처해 있는 환경과 총체적으로 일체감을 느낄 수 있어야 한다. 시간과 장소의 개념이 사라진다.

이 세 가지 단계Intra, Inter, Trans가 서로 복합적으로 하나의 큰 그림을 완성하는 것이다. 내부적으로 자신이 조화롭게 하나가 되지 못한다면 상호간의 관계나 초월적인 융합도 이루어지지 못한다.

이것을 명확히 이해하고 솔선수범한다면 우리의 삶은 무척 간단하고 편안해진다. 고요히 산을 쳐다보고 있거나 무심히 강물을 내려다보고 있자면 자기도 모르게 자신이 자연 속으로 빨려 들어가 자연과 하나가 됨을 체험하게 된다. 이것이 곧 자연과의 일체감이다.

인간은 대자연의 질서 속에 있는 하나의 과정이고 미세한 일부분일 뿐이다. 자연의 질서는 정돈·순서, 조화·화합, 단합·통일을 상징한다. 자연의 본능욕구은 지배권 투쟁이 아니라 완전함의 추구다. 진정한 '자연과의 일체감'은 다방면으로 동시에 이루어진다는 큰 개념의 완전함이다.

이 세상에 따로 떨어져 있는 것은 아무것도 없다Nothing in the world is separate. 비유하자면 '자연과 나의 관계'는 '나와 내

몸속의 세포들과의 관계'다. 자신의 몸이 곧 자연 임을 사무치게 깨닫고, 매일 매사에 이 일체감을 인정하면서 살아야 한다. 자연을 우리가 어떻게 할 수 있는 것은 없다. 다만 순종할 뿐이다. 인생은 흘러가는 하나의 계절이다. 인간은 누구나 죽으면 자연·우주로 돌아간다.

06

관련 분야

Related Fields of Study

새로운 전공 분야는 이미 존재하는 관련된 학문에서 시작된다. 학교체육, 레크리에이션, 생활체육과의 관계를 알아보고 비교해보면 좀 더 정확하게 Sport-Leisure 개념을 이해할 수 있다.

1) 체육과의 관계Sport-Leisure vs. Physical Education

'웰니스'를 추구하는 새로운 개념의 Sport-Leisure와 학교체육의 관계는 무엇일까? 이미 서술한 바와 같이, 체육은 학교WHERE #3에서 규정된 교육과목WHAT #1, 2, 3으로 수업 WHEN #2을 받는 동안 실시되는 것이다. 학교체육이란 학생들이 여가시간이 아니라 일Work하는 시간학생의 본분은 Study에 수업하는 것이다. 이는 자발적일까? 아니다. 학교 정규 과목의 하나로 누구나 필수적으로 참석해야 한다. 세 번째 조건, 즉 학생들이 재미를 느끼는지 따져볼 필요도 없이 이두 가지 조건만 맞추어보아도 현저한 차이점이 있다.

Sport-Leisure와 학교체육의 공통점은 '국민 건강'과 '질적인 수명 연장'의 달성이라는 목표들이다. 그러나 목표 달성을 위한 노력 과정을 살펴보면, 학교체육 프로그램은 학생들이 기본 기술들을 배워 일생 동안 자신이 건강을 유지할수 있도록 하고 경기나 게임을 할 수 있게 하는 심동적인 영역에 초점을 두고 있는 반면, Sport-Leisure 프로그램은무엇보다도 재미 위주로 부담감 없는 분위기 조성이라는 정의적 영역에 초점을 두고 있다. 흥미, 동기유발, 감정의 요인들이 우리 행동에 끼치는 영향이 지대하고 장기적이기 때문이다.

최근에는 학교체육이나 사회체육에서도 이 같은 면을 강조하기 시작했다. '재미있는 체육으로 학생 참여 높인다'라는 신문기사를 보면 한국에도 세계 학교체육 혁명의 바람이 불어닥친 것을 알 수 있다. 한 예로 창립 20돌 맞은 국민체육진흥공단은 '혁신' 선언의 일환으로 "스포츠를 즐기자, 우리가 지원한다Enjoy sports, We support"라는 슬로건 아래 사회체육을 포함한 국민 스포츠 진흥을 기약했다.

누구대상자·고객를 위해 존재하는지 생각해보아도 쉽게 차이가 난다. 학교체육은 초등학생에서 대학생으로 정해져있다. 참가 자체도 학생들은 필수과목으로 반드시 택해야하는 강제성이 있는 반면, Sport-Leisure는 자발적인 참여로갓난아이부터 노인들까지 광범위한 연령을 관장한다. 학교체육은 학교라는 테두리 안에서 일어나지만 Sport-Leisure는어느 곳에서나 일어날 수 있기에 '장소'라는 요소가 중요할뿐만 아니라 다양성을 부여한다.

협의의 정의로서 'Sport는 학교체육 중에서도 운동경기WHAT #1 운동경기에만 국한되어 있다'라고 생각하는 전통파도있다. 1960년대의 정의라고나 할까? 시대감각에 맞는 정의가 필요하다. "TV나 라디오 켜놔야 공부가 잘돼요."라는신세대를 위한다면 그들의 특징은 물론 '재미'를 중요시 하지 않으면 힘들다. 이 점이 충족되어야 개인주의적인 이들이 자신의 여가시간을 선용하고 Sport-Leisure에 자발적으로참여하지, 그렇지 않다면 신세대들의 참여는 더욱 기대하기어렵다.

학교체육을 제외한 다른 프로그램들은 일어나는 장소WHERE에 따라 구분 짓는다. 집에서 하는 프로그램, 이웃이나 동네에서 실시되는 프로그램, 공원과 유원지에서 하는 프로그램, 직장에서 행하는 프로그램, 리조트나 헬스클럽에서 하는 상업적인 프로그램, 멀리 떨어져 있는 해변이나 산에서 행하는 프로그램, 먼 거리와 관광지를 둘러보는 프로그램 등을 생각할 수 있다. 단지 구분을 위해서 명칭을 붙였을 뿐 진정한 Sport-Leisure 프로그램은 위에서 설명한 세 가지 요인에 맞추어져야 한다.

2) 레크리에이션과의 관계Sport-Leisure vs. Recreation

Leisure는 이론적인 개념이며 주로 시간 개념과 연결하여 사용된다. 즉, 여가시간이다. 레크리에이션Recreation은 그 이론이 실제로 사용되었을 때 일어나는 활동과 관련되어 쓰인다. 즉, 레크리에이션은 여가시간을 즐겁게 지낼 수 있는 모든 활동이나 경험을 말한다. 자발적으로 택하는 게임, 스포츠, 취미, 그 밖의 기분풀이 등이 그것이다. 취미는 다양하기 마련이고, 활동적인 것도 있고 매우 수동적인 것도 있다.

Sport-Leisure에는 사진, 요리, 그림, 카드게임, 비디오게임, 쇼핑, 독서, TV 시청 같은 수동적인 것들을 제외한 능동적인 것만이 포함된다. 국민의 건강과 피트니스가 우리 분야의 초점이고, Sport-Leisure 참가자들에게 건강한 생활 방식을 습득할 수 있는 기술을 갖추도록 하는 것이 우선이기 때문이다.

또한 참가자는 물론 일반 국민에게까지 영향을 미치려면 이론부터 시작하는 여가교육이 가장 효과적이다. 이론을 이해하면 여가를 중요시하게 되고, 이는 몸소 실천하는 원동력이 된다. 사람은 만족과 흥미를 느끼면 좀 더 지속적으로 신체 활동을 즐기게 된다. 궁극적인 바람은 Sport-Leisure 활동에 참여함으로써 건전한 생활방식을 습득하는 것이다. 실천으로 옮겨야 한다는 말이다.

3) 생활체육과의 관계Sport-Leisure vs. Sport for All

앞에서 정의한 Sport-Leisure와 생활체육은 어떻게 다른가? 현재까지 발표된 신문기사에 따르면 생활체육은 학교체육, 군인체육, 엘리트체육을 제외한 모든 체육을 포함한다. 국민생활체육협의회의 정의를 보면 "신체활동을 일상생활의 일과로 삼아 규칙적으로 실행함으로써 생활화하는 실천체육을 의미한다."라고 했다. 신체적인 면만 고려하면 앞에서 자세히 정의한 Sport-Leisure의 정의와 같은 맥락이다. 그러나 인간은 삼위일체이기 때문에 정신적인 면과 영적인 면을 추가함으로써 웰빙·웰니스를 추구할 수 있게 된다. 앞으로 Sport-Leisure와 생활체육을 같은 개념으로 사용하기 위해서는 전인적인 관점으로 접근해야 한다. Sport-Leisure와 생활체육의 궁극적인 목적은 국민들의 삶의 질을 개선하고 연장하기 위한 것이기 때문이다. 더욱이 건전한 여가를 선용함Sport-Leisure No.1 조건으로써 목적을 이루는 것도 중요하기 때문에 생활체육에서도 필수조건으로 삼으면 Sport-Leisure 개념과 일치한다.

우리 국민이 어떻게 여가시간을 이용하는지 알아보기 위해 10세 이상 20,263명의 생활시간을 일일이 조사한 통계청의 2009년도 자료를 살펴보자. 의무적인 활동에는 7시간 56분(33.1%)을, 수면에는 7시간 49분(32.6%)을 사용했다. 즉, 일과 수면시간을 빼고 남는 시간은 8시간 15분이다. 여기서 여가생활 시간은 5시간 11분(21.6%) 빼면 3시간 4분이 남는다. 일 관련 이동시간(1시간 26분), 식사 및 간식(1시간 45분), 가사노동 등으로 소비된다. 5년 전인 2004년 자료와 비교해보면 일하는 시간은 14분 줄어들고 여가생활 시간도 11분 줄었다.

	2004	1990
수면 및 집안일	28.2%	44.0%
TV 시청	26.1%	24.5%
사교/봉사/가족	21.6%	*
취미/게임/자기개발	9.7%	11.5%
스포츠 및 영행	9.5%	12.3%
감상/관람	2.8%	5.3%
기타	2.0%	2.4%

* 해당 종목 없음. (2007년 통계표에서는 '수면'이 '휴식'으로 바뀌었고,
'TV 시청'에는 비디오 시청도 포함시켰다. 앞으로 하고 싶은 여가활동으
로는 '여행'이 43.7%로 가장 많았지만, 65세 이상에서는 '사교 관련 일'이
14.4%로 두 번째로 많았다.)

조사 종목들이 정확히 일치하지 않아서 2007년 자료
는 위의 표에 포함시키지 않았지만 전반적 추세는 파악할
수 있었다. 수동적인 잠자기와 집안일하기가 현저히 줄어
들었고 반면에 대인관계의 활동들이 증가했다. High-Tech,
High-Touch의 반영인 것 같다. 앞으로의 과제는 수면이나
TV 시청 같은 수동적인 활동은 줄이고 활동적인 여가 방
법을 권장하는 것이다. 삶을 위한 움직임Active for Life, 일을 성
취하기 위해서는 체력이 있어야 한다Fit to Achieve는 표어가 생
각난다. 이 표어를 실감할 수 있는 프로그램 아이디어를 내
어본다면, 많은 국민들이 여가시간WHEN #3 여가시간을 이용해

서 장소WHERE #1, #2, #3를 막론하고 가장 기본적인 신체활동 WHAT #3을 혼자WHO #1서나 더불어WHO #2,3 자발적Sport-Leisure NO.2 조건으로 재미Sport-Leisure NO.3 조건있게 할 수 있는 프로그 램들일 것이다.

(1) 유아 프로그램Early Child Program

인간은 여섯 살 이전에 성격과 자질의 기틀이 잡힌다. 유 아 프로그램은 갓난아이가 태어나서 학교에 들어갈 때까지 의 성장교육이다. 기어가기, 걸음마, 뛰기 등의 기본 동작을 배우고 자는 시간 외에 계속되는 놀이Play를 관장하는 효율 적·효과적인 프로그램이다. 주로 자녀를 둔 주부들을 교육 하여 주부들로 하여금 집에서 자기 아이들을 직접 가르치 는 형식이 이상적이다. 하지만 요즘 정부에서 추진하고 있 는 탁아소나 유치원에서는 전문 교육을 받은 교사들이 가 르친다.

단기적으로 보면 기초 신체 기술들을 균형적으로 발달시 켜 유아들이 자라서 학교생활을 무리 없이 수행할 수 있게 도와준다. 장기적으로는 세 살 버릇 여든 살까지 간다는 말이 있듯이, 엘리트 선수까지는 아니더라도 건강한 시민의 한 사람으로 만족한 삶을 누릴 수 있는 튼튼한 기초를 쌓는 것이다.

(2) 주부 프로그램Housewife Program

맞벌이 부부가 늘어나는 추세이지만 아직도 많은 가정 주부들이 집에서 살림을 하고 있다. 그들은 남편을 보살피고 자녀가 성장하는 것을 지켜보면서 삶의 보람을 느낀다고 한다. 그래도 인생에는 활력소가 필요하다. 자신을 위해서나 가정을 위해서 말이다. 다른 활력소도 많이 있겠지만 Sport-Leisure가 가장 건전한 선택 중 하나다. TV 프로그램 〈도전! 몸짱 만들기〉에서는 몸짱 아줌마가 직접 출연해서 많은 주부들에게 '나도 할 수 있다'는 희망을 주기도 했다. 가정주부들을 위한 프로그램이 많이 개발되어서 주부 자신의 건강은 물론 그 남편과 자식들의 건강도 주관할 수 있게 된다면 그 가정은 행복하고 건강한 가정이다. 한 주부가 노력한 결과로 자신은 물론 가족 모두가 좋은 영향을 받고, 더 나아가 국민 전체가 혜택을 받을 가능성이 크다.

(3) 노인 프로그램Senior Citizen Program

경제, 의학, 과학의 발달 덕분에 인간의 수명은 점점 더 길어지고 있다. 1970년에 61.9세였던 한국인 평균수명은

2000년 76세, 2016년 82.1세(남자 79세, 여자 85.2세)로 길어졌다. 2030년까지는 계속 증가할 전망이다. 2008년 총인구 중 65세 이상 인구가 차지하는 비율은 10.2%로 이미 고령화 사회(고령자 인구 비율 7% 이상)에 들어섰고, 2017년에 고령사회(고령자 인구 비율 14% 이상)에 진입할 것으로 전망했다. 더욱이 한국인의 고령화 속도가 세계에서 가장 빠른 것으로 나타났다.

2030년에 이르면 세계에서 네 번째로 노인 비중이 높은 나라(24.3%)가 될 전망이고, 기대수명도 남자 85.1세, 여자 89.3세로 늘어난다. 2060년에는 열 명 중 네 명이 노인이 된다. 길어진 노후를 어떻게 즐기느냐에 따라 삶 전체의 질이 달라진다. 우리 Sport-Leisure 분야의 중요성이 강조되는 부분이다.

점점 노인들의 건강과 운동 관리는 매우 중요한 가정과 사회문제로 대두되고 있다. 65세 이상 인구의 여가활용 방법은 주로 TV 시청(58.0%), 휴식/수면(57.1%) 등인 반면에 활동적인 스포츠나 여행은 각각 5.2%로 나타났다. 운동을 못하는 이유로는 시간이 없다, 피곤하다, 아프기 때문이라고 조사되었다. 문화체육관광부의 '2010 국민여가활동 조사'에서도 TV 시청, 낮잠, 등산에 이어 친구들과의 모임이 네 번째로 많았다. 하지만 이 밖에도 취미생활, 봉사활동, 재능 기부 등 할 수 있는 일들은 많다.

집에서 혼자서 할 수 있는 홈 프로그램, 노인정에 모여
하는 노인정 프로그램, 양로원에서 실시하는 양로원 프로
그램 외에도 안전하고 적절한 아이디어와 지식을 필요로 한
다. 운동을 하면 피로가 없어지며 아픔이 줄어든다. 치매가
걱정된다면 더욱이 규칙적으로 운동을 해야 한다. 뇌 건강
에 운동만큼 좋은 것은 없다. 낮에 활동량을 늘리면 밤에
꿀잠을 잘 수 있다. 우리나라는 만성 수면 부족 국가이다.
성인의 평균 수면 시간은 6시간 15분으로 적정 수면 7시간
30분보다 훨씬 적다. 수면 부족은 비만과 노화의 원인이 된
다. 충분한 수면과 신체적인 활동을 해야만 몸의 각 기능
을 유지하고 개선함으로써 삶의 질을 높일 수 있다. 무엇보
다도 노인들은 혼자서 생활하는 데 아무런 지장이 없어야
한다. 국민체육공단의 혁신 방침의 하나인 노인체육 활성화
에 기대를 걸어본다.

차세대의 새로운 전문직으로 노인복지사가 유망하다고
한다. 노인들의 건강관리, 효율적인 여가활동을 위한 상담,
도움, 지도 등의 서비스를 가정에서뿐만 아니라 노인복지
관, 병원, 실버타운에서도 제공할 수 있게 된다. 정부와 지
방자치단체는 산림치유 숲과 길, 요양병원 설립 확대 등 노

인 건강을 위한 사업을 늘려가고 있다. 2015년 10월에 산림청이 경북 영주에 세계 최대 규모의 산림치유 종합시설인 국립산림치유원을 조성했다.

60세 이상에게 적합한 운동으로 걷기(매일 30분), 자전거 타기, 달리기, 유연성 체조를 추천하고 있다. 구청에서 운영하는 문화체육 센터의 건강 증진 프로그램을 살펴보면 실버 요가, 건강체조, 생활체조, 라인댄스 등이 주를 이룬다. 등산도 많은 사람들이 즐기는 레저 활동 중 하나이고, 걷기는 성인이나 노인들이 가장 많이 즐기는 운동이다. 이는 혼자서 장소와 시간에 구애받지 않고 즐길 수 있기 때문이다. 말년에 산책을 통해 자신의 인생을 마무리하는 것도 멋지다.

(4) 걷기 프로그램Walking Program

인간은 두발로 걸으면서 산다. 걷기란 인간의 기본적 움직임이며 매일 계속되는 가장 보편적인 신체활동이다. 최근 걷기가 가장 좋은 운동으로 자리매김함에 따라 걷기 붐이 일어나고 있다. 지상에서 걷기 불편한 사람은 물속에서 걸으면 된다. 기본 기술은 이미 체득한 상태이므로 각자의 목적에 따라 그 방법과 강도를 조금씩 바꾸면 된다.

노인들은 우선 혈액순환 증진이 관심사이므로 보통 속도로 좀 더 먼 거리를 걷거나 더 자주하면 좋다. 속도에 관계없이 심장을 젊게 하는 효과가 있다. 조금 빠르게 걸으면 더 많은 건강 혜택이 따라온다. 보통 사람은 한 시간에 3.5마일 걷는 속도가 적당하다고 한다. 팔다리 근육을 활기차게 사용하면서 큰 걸음으로 세차게 걷는 것을 피트니스/파워 워킹이라고 한다. 좀 더 나아가서 손이나 발에 무게가 나가는 도구를 부착하고 걷는 체력단련 방법도 있다. 노면에 탄력이 있는 우레탄 도로에 적합한 스포츠 워킹도 있다.

걷기는 누구나, 어디에서나, 언제나 할 수 있는 운동이기에 많은 국민들이 쉽게 할 수 있다. 걷기는 80세에도 할 수 있는 좋은 운동이다. 그럼으로써 국민들의 건강 유지와 증진을 저렴한 비용_{경제적, 시간적, 노력}으로 달성할 수 있다. 파워 워킹은 등산이나 조깅보다 안전하고 자전거나 수영에 비해 체중 조절 효과가 좋다.

또한 부수적인 혜택도 무시할 수 없을 것이다. 걸어서 출퇴근을 한다면 서울시와 같은 대도시의 교통난 해소에도 많은 도움이 된다. 하루에도 몇 번씩 이용하는 승강기 대신 계단을 이용하면 전기에너지도 절약할 수 있다. 좀 더 효과적인 결과를 얻으려면 단지 하나의 독립된 프로그램으로서 걷기를 권장할 것만이 아니라 적극적인 분위기環境 조성, 프로그램 개발, 걷기 교육, 걷기 시범이나 대회 등 다양한 방법들을 동원해야 한다.

A. 걷기 수행법

걷기는 몸의 건강에 도움을 주지만 마음의 평안을 찾아주기도 한다. '걷기 명상'이라는 수행법도 소개된 바 있다. 발바닥은 인체의 경혈점이 모인 곳이기에 한 걸음 한 걸음 발바닥을 마찰하면서 걸으면 인체의 기 순환도 활성화되고 몸도 정화된다. 틱낫한 스님은 이렇게 말했다.

"발이 땅에 닿는 그 순간을 자각하고, 또 호흡을 자각하면서 걸어보라. 그러면 한 번의 들숨 혹은 날숨 동안에 몇 걸음을 편안하게 걸을 수 있는지 알 수 있다. 숨을 들이쉴 때는 '인in'이라고 말하고 내쉴 때는 '아웃out'이라고 말하라. 그러면 걸으면서 명상을 하는 것이 된다. 걷기 명상 습관을 가져보자. 언제 어디서나 실천할 수 있고 우리의 삶의 질이 갈수록 좋아진다."

우리 불교에서 행하는 행선行禪은 호흡에 맞추어 천천히 걸으면서 호흡과 걸음이 조화를 이루도록 보폭을 일정하게 하고 시선은 앞으로 가볍게 내려다보고 주의가 산만해지지 않도록 조심스럽게 하는 참선수행의 하나다. 행선과 걷기 명상 모두 자기성찰Spiritual Development의 한 방법이다.

B. 걷기 캠페인

"국민 여러분 좀 걸으시죠!" 프랑스 정부가 갈수록 증가 하는 국민의 비만을 막기 위해 2004년 2월 11일에 직접 시 작한 범국민적인 캠페인이다. 캐나다 밴쿠버 시장은 밴쿠 버를 세계에서 가장 걷기 좋은 도시로 만들려고 무척 애를 쓴 사람으로 유명하다. 점점 비만형으로 달라지는 한국인 체형을 감안할 때 우리에게도 마음껏 걸을 수 있는 길들이 필요하다. 깨끗한 공기와 물이 있고 자연이 살아 있는 곳이 면 된다.

매해 11월 11일은 길의 날이다. 걸어보고 싶은 길들도 많 다. '걸음아 나 살려라!'라는 캠페인을 펼치자.

C. 걷기만을 위해 열린 길들Hiking Trails

2012년에 북한산국립공원관리공단이 북한산 둘레길을 조성했다. 중앙 정부가 개입된 대표적인 사례다. 지방자치 단체들의 도움으로 형성된 길들은 지리산 둘레길, 강화 나 늘길, 전남의 해안선을 따라 걷는 남도 갯길, 평화와 생태를 주제로 하는 DMZ길, 전북 부안군의 변산 마실길, 경북 영덕의 블루로드 트레일 등이다. 민간 차원에서 만들어진 길로는 제주 올레길과 강원도 바우길이 있다.

자연과 사람을 이어주는 제주 올레길은 우리나라의 대표적인 프로그램이다. 일본 규슈에 로열티를 받고 수출할 정도로 국제적으로 인정받은 길이다. 제주 방언으로 올레길은 '거릿길에서 대문까지 나 있는 아주 좁은 골목길'을 의미한다. 이런 길들을 이어 걷는 트레킹 코스로 개발해서 지금의 '올레'가 되었다. 단지 걷는 것 그 이상도 이하도 아니란다. 서명숙 씨가 개발한 24개 코스 395km의 올레 코스는 체험관광이자 명상·웰빙 코스라고 자랑한다. 바다, 갈대숲, 나무, 들꽃 등이 묘한 조화를 이루고 있어 눈을 즐겁게 한다. 보송보송한 흙길, 잘 닦인 산책로와 울퉁불퉁한 돌밭길이 간간이 섞여 있어 지루하지 않게 재미있게 걸을 수 있단다.

사람과 산을 잇는 지리산 둘레길도 있다. 옛길, 고갯길, 숲길, 논둑길, 마을길을 하나로 이은 지리산 둘레길은 총 300km나 되며 국내 최초의 장거리 도보길로 2011년에 완성됐다. 걷는 사람을 위한 길이란다. 나를 찾아서 떠나는 길이란다. 현재의 길을 걷다 과거의 길을 걷는 길이란다. 홀

쩍 떠나고 싶을 때가 있다. 자연과 내가 하나 되어 걷고 또 걸으면 세속의 번뇌로부터 훨씬 자유로워지고 이완의 쾌감을 느낄 수 있다.

(5) 집과 개인 프로그램Home and Individual Program

앞서 언급한 걷기운동처럼 집WHERE #1에서 또는 혼자서 WHO #1 할 수 있는 종목에 관한 연구가 필요하다. 건강과 운동을 다루는 책이나 비디오도 필요하고 집에서 쉽게 사용할 수 있는 저렴한 운동기구도 많이 개발되어야 한다. '이제는 운동도 맞춤 시대'라는 말이 있듯이 어디에서 하든 각자에 맞는 프로그램이 필요하다는 말이다. 이 프로그램은 체육관에 오가는 시간을 절약할 수 있고, 회비를 낼 필요가 없으니 경제적이며, 또 시간적으로도 자유로워 하고 싶을 때 할 수 있는 등 많은 매력이 있다. 작심삼일이 아니라 오래 계속해서 할 수 있는 프로그램이 가장 좋은 프로그램이다.

현재 실시되고 있는 생활체육 행사들을 살펴보면 축구대회, 배구대회 등 엘리트체육의 모방이 주를 이룬다. 또 낚시나 등산처럼 조직적인 모임에 참가해야 할 수 있는 프로그램과 스키나 스쿠버다이빙처럼 장거리 여행이 필수적인 종목들이 대부분이다. 이런 행사는 인원수도 제한되어 소수의 애호가들만 참가하게 된다.

그리하여 더욱 많은 국민들이 쉽게 집에서, 이웃에서, 동네에서 공원에서 참여할 수 있는 개인 프로그램을 강조하고 보급해야 한다는 논리가 성립된다. 그러기 위해서는 먼저 학교체육에서 이런 종목들의 기본 기술을 가르쳐야 하며 대학 사회체육과 학생들은 이런 프로그램의 필요성을 이해하고 새로운 프로그램을 개발해서 지도할 수 있는 능력을 키워야 한다. 국민생활체육지도자 자격시험에도 이러한 지식과 능력을 필수종목으로 반영해야 한다.

이런 프로그램만이 축구나 배구의 기본 기술이 없는 사람, 동호인 모임과 같은 조직적이고 그룹 분위기를 싫어하는 사람, 많은 돈을 장비에 투자하거나 멀리 여행하는 것을 기피하는 사람들에게도 생활체육의 기회를 제공할 수 있다.

(6) 직장 프로그램Corporate Program

너무나 빨리 돌아가는 경쟁시대인지라 운동 시간을 따로 내서 피트니스 센터까지 가는 사람의 수는 점점 줄어들고 있다. 운전을 해야 하고, 주차하고, 운동복 갈아입고, 운동하고, 샤워하고, 다시 사무실집로 돌아올 때의 교통난을 생각하면 감히 엄두가 나지 않는다. 45분 운동하려고 그 많은 시간과 노력을 투자해야 하는지 한 번 더 생각해보게 되는 것이다. 그래서 미국의 대기업들은 사원을 위한 웰니스 프로그램이나 피트니스 시설을 직접 제공해서 사원들의 건강과 복지를 챙겨주기도 한다. 이런 직장 프로그램은 실력 있는 사원을 채용하고 오래 보유하기 위한 마케팅 수단이 되고, 그들의 사기를 높이고, 병으로 인한 결근은 줄이고, 건강보험료를 절감한다. 직장 프로그램은 대개 두 가지 방법으로 운영된다.

주로 대기업에서는 부지 내에 운동 시설을 건축해서 직접 운영한다. 사원들은 자기가 편리한 시간에 운동을 할 수 있기에 개인이나 회사에 모두 이득이 간다. 미국의 AT&T에서 운영하는 피트니스 프로그램을 살펴보자. 이 회사는 전화를 발명한 알렉산더 그레이엄 벨Alexander Graham Bell이 설립한 회사로 세계 최대의 통신 회사다. 이 프로그램은 부사장급Vice President 이상만 참여할 수 있는 최첨단 피트니스 관리 프로그램이다. 편리한 시간에 1층에 있는 센터에 와서 컴퓨터에 이름을 입력하면 그날 할 운동 프로그램이 뜬다. 각 개인을 위해 제작된 프로그램으로 지금까지의 진행 과정이 일목요연하게 정리되어 있다. 상주하는 전문가가 운동 전후의 혈압을 직접 재고 운동 과정도 지켜본다. 매일 중대한 결정을 내리는 사람들은 신체적·정신적·영적으로 최상의 건강을 유지하고 있어야 올바른 결정을 할 수 있다. 궁극적으로 회사에 이득이 돌아오기 때문에 이런 투자를 한다.

많은 투자시설과 전문가를 할 수 없는 회사들은 주위에 가까이 있는 YMCA, 피트니스 센터, 수영장 등 필요한 기관에 의뢰한다. 회사에서 제공하는 시설이용권으로 YMCA 시설을 이용하거나 좋아하는 YMCA 프로그램에 후불제로 등록하면 된다. 특별히 사원들만을 위한 맞춤 프로그램을 요구하는 경우도 있다. 많은 돈을 투자하지 않고도 사원들의 건강은 물론 사기까지 높일 수 있다. 최근 들어 직원의 건강과 스트레스 관리에 관심을 기울이는 회사가 부쩍 늘고 있다. 다양한 스포츠 동아리를 만들고 각종 대회를 주기적으로 열어주기도 한다. 이용경 전 KTF 사장은 번지점프와 래프팅, 산악 오리엔티어링 등을 즐길 수 있는 '스포츠 챌린지' 프로그램을 직접 기획했다.

어떤 방법으로 직장 프로그램을 운영하든 성공의 관건은 직원들의 운동 시간에 대한 회사의 아량에 달려 있다. 일하는 시간의 일부로 간주해줄 수도 있고, 개인 운동이므로 일과 시간과는 별개의 것으로 규정할 수도 있다. 이 모두가 직원들의 사기와 애사심을 높이기 위한 방법으로 그 회사의 성숙도 수준을 알 수 있다.

07

Sport-Leisure의 전망

Sport-Leisure Trends toward the Year 2020

앞으로 Sport-Leisure 분야의 전망은 매우 희망적이다. 더 많은 사람들이 건강Health & Wellness에 신경을 쓰게 되니까 더 많은 고객들이 Sport-Leisure 분야로 몰려와서 이 분야의 관계자들이 제공하는 이벤트, 프로그램, 시설, 서비스를 이용하게 될 것이다. 따라서 더 많은 시설이 필요하게 되고, 더 많은 직원이 채용될 것이며, 더 질 높은 프로그램과 서비스가 요구될 것이다. 국민 삶의 질이 Sport-Leisure를 연구하는 사람들이 자신에게 주어진 책임을 얼마나 충실하게 완수하느냐에 달려 있다. 기본 인권에 건강할 권리를 포함시키자는 거대한 움직임도 일어나고 있다. 네 가지 측면에서 살펴보자.

1) 라이프스타일 변화의 추세Lifestyle Perspectives

삶의 질이 중요하다. Sport-Leisure 활동 또한 중요한 역할을 하고 있다. '한 시간 운동하면 한 시간 더 오래 살 수 있다'는 연구 결과를 증명이라도 하듯이 개인들의 생활태도가 웰빙 라이프스타일로 바뀌고 있다. 먼저 현대생활의 다섯 가지 적敵인 흡연, 음주, 과식, 운동에 대한 무관심, 스트레스를 물리쳐야 한다. 라이프스타일의 추세는 오래, 멋지게, 기분 좋게 사는 것이다. 웰에이징Well-Aging과 웰다잉Well-Dying 같은 신종어도 등장하고 있다.

Sport-Leisure 패션을 보아도 추세를 읽을 수 있다. 의류업계에서는 운동복, 등산복, 골프웨어 등 최첨단 소재를 사용하여 오랫동안 기분 좋게 입을 수 있도록 다양한 컬러와 디자인을 적용한 제품을 앞 다투어 선보이고 있다. 바람이나 비를 막아주는 소재에서 자외선과 전자파를 차단해주는 첨단 소재로 발달했다. 초경량은 기본이고 편리성도 다양해지고 있다. 필드 밖에서 골프웨어의 녹색바람이 불고있다. 운동복과 평상복의 경계도 모호해져서 골프셔츠를 입고 쇼핑하는 사람도 흔히 볼 수 있다. 스포츠 룩이 유행하면서 일상복처럼 학교에도 직장에도 입고 다닐 수 있다.

더 놀라운 일은 이런 현상이 사회적 지위와 맞물려 빠른 속도로 우리 일상생활의 일부가 되어간다는 것이다.

2) 재정적인 변화Financial Perspectives

한국의 경쟁력은 2020년 세계 7위로 강화될 것으로 전망된다. 2001년에 11조 7,000억 원이었던 시장이 2005년에는 38조, 2006년에는 53조 3,700억 원 규모로 급성장했다. 2020년에는 120조 원으로 도약할 것으로 예측하고 있다. 경제 사정과 Sport-Leisure 활동은 뗄 수 없다. 답답한 경제 현실 속에 Sport-Leisure가 유일한 청량제 역할을 하고 있는 것은 사실이다. 버킷 리스트에 빠짐없이 등장하는 여행이나 열심히 사는 나를 위해서는 비싼 값도 치른다는 포미족forme族이 유행하기 시작했다. 앞에서 서술한 라이프스타일 추세를 보아도 경제 사정이 절대적인 요인의 하나다. 호텔 헬스장은 '고위층 특구特區'라는 말이 있듯이 돈이 있어야 멋도 부리고 몸도 챙긴다. 자신을 과시하고 싶고 상류사회에 속하고 싶은 욕망 또한 시장 발전에 한몫을 해왔다. 21세기의 대표적 유망 산업인 레저산업은 '황금시장'으로 급성장하고 있다.

3) 시간적으로 본 추세Time Perspectives

일하는 시간은 주 48시간에서 점점 축소되고 여가시간은 반대로 증가한다. 일단 학교를 졸업하면 그 후의 레저 활동은 각 개인의 선택사항이다. 무엇을 하면서 여가시간을 즐겁게 보낼 수 있을까? 당신은 삶의 균형을 잡아줄 수 있는 여가시간을 어떻게 사용할 계획인가? 되도록 많은 사람들이 건전한 여가선용에 앞장섰으면 한다.

2018년에 이르면 한국은 '고령사회Aged Society'로 불리게 될 것이다. 고령사회란 65세 이상 인구가 전체 인구의 14%를 초과하는 나라를 말한다. 20%에 이르면 초고령사회가 된다. 한국의 인구 고령화 속도는 세계에서 가장 빨라서 10년 안에 초고령사회에 진입할 것이라는 전망도 있다. 노인 건강 타운이나 복지관들이 속속 건립되고 있다, 수영장·체육관·체육공원 등 노인들을 위한 시설들이 증가하는 추세다. 실버산업의 발달로 전문 인력이 턱없이 부족할 것이라는 연구보고서도 있다.

세계적으로 봐도 실버 쓰나미Silver Tsunami를 피해갈 수 없을 듯하다. 2030년에는 세계 인구의 30%, 2050년에는 40%가 65세 이상이 될 것이다. 페이스북 CEO 마크 저커버그

Mark Zuckerberg는 "2100년에는 인간의 평균수명이 100세가 될 것."이라고 예측했다(2016). 노화연구가 알렉스 자보론코프 Alex Zhavoronkov도 "건강을 위해서는 운동과 소식을 추천한다."며 "150세까지 사는 것이 비현실적인 일이 아니다."라고 주장했다(2016). 확실한 것은 생명이 연장되고 있다는 것이며, 노인의 건강한 삶은 경제와 사회 발전을 위한 중요한 과제로 대두되고 있다. 노인 건강을 위해 기초 체력과 면역력을 높이는 예방 활동이 선행되어야 한다. 건강이 나빠진 후에 대처하는 것은 아무런 소용이 없다.

오래 산다는 것은 축복이자 재앙이다. 건강하고 질 높은 삶을 준비할 수 있으면 축복이다. 준비 없는 생명 연장은 재앙이자 고통이다. 우리 국민이 건강하고 오래 사는 방법은 무엇일까? '건강 100세' 시대와 '알파 에이지120세' 시대에 걸맞은 큰 그림이 필요하다.

4) 기술 발달의 여파Technology Perspectives

TV가 등장하고 컴퓨터·인터넷과 휴대전화가 개발되면서 현대인의 생활방식은 급격히 변하고 있다. '몸은 적게 움직이고 머리는 많이 쓴다Move Less, Think More'는 것이다. "무능력은 건강에 해를 끼치고 있습니다Inability is Hazardous to your health."
라는 경고문이 필요하다. 또한 생각을 많이 하기에 스트레
스도 많이 생긴다. 기계나 컴퓨터 사용 시간의 증가로 인간
과의 접촉 기회를 잃어버림으로써 사람이 그리워진다는 이
야기다.

이런 추세에 발맞추어 우리는 '일하는 것'과 '노는 것' 사
이에서 건전한 균형을 지킬 수 있는 삶을 살아야 한다.
There is life after work! '일이 내 인생의 전부가 아니다'라
는 점을 깨우쳐야 한다. 앞으로 일과 후에 할 수 있는 건전
하고 활동적인 놀이와 프로그램이 많이 개발될 것이다. 각
자가 즐거운 여가활동에 전념하다 보면 삶의 고뇌를 잠시나
마 잊는 동시에 에너지를 재충전할 좋은 기회가 될 것이다.
첨단 사회에서도 국민들은 풍요로운 삶을 누려야 한다는
것이 Sport-Leisure 산업의 이념이다.

고령화 사회가 진행됨으로 헬스 케어 기술이 발달하고
있다. 병 없이 오래 살고 싶어 하는 인간의 욕망이 새로운
의료산업과 신기술을 진화시키고 있다. IT와 BT생명공학 기
술에 의해 개인의 유전 정보, 성장 환경, 생체 특성에 맞게
특화된 의료 기술을 활용할 수 있다. 개인 맞춤형 진단 방
식과 치료가 가능해졌다. 다양한 데이터를 활용할 수 있어

진단의 정확도가 높아진다. 병원에 직접 가지 않고 원거리에서 건강 상태를 점검할 수 있는 무선장치 기기나 영상 기기 기술도 개발 중에 있다. 앞으로 의료 기술의 발전은 더욱 빠른 속도로 진행될 것이다.

08

개요

Summary

인간은 Moving(Body), Thinking(Mind), Feeling(Spirit)을 하면서 살아간다. 이 세 가지를 다 잘하는 것이 웰니스Wellness이다. 시각적 분석에서 다루었듯이 횡적으로는 세 가지 영역이 항상 균형을 유지해야 하고, 종적으로는 가능한 한 높은 점수를 받아야 한다. 그래서 이상적인 인간은 Physical, Mental, Spiritual 영역에서 골고루 최상의 상태에 있는 사람이라고 말할 수 있다. 다양한 기술Body, 풍부한 지식Mind, 건전한 가치관Spirit을 구비하고 있으며, 한 발 더 나아가 행동으로 실천하는 건강한 생활방식의 소유자다. 이런 이상적인 인간을 추구하는 것이 Sport-Leisure의 궁극적인 목적인 것이다.

어떤 신체활동이 Sport-Leisure의 개념에 포함되기 위해서는 세 가지 조건을 충족해야 한다. 첫째, 여가시간에 웰니스를 추구할 것. 둘째, 자발적으로 참여할 것. 셋째, 재미와 만족을 느낄 수 있어야 할 것이다. 이 개념을 모두 소화했다면 웰빙의 올바른 개념, 학교체육과의 관계, 레크리에이션이나 생활체육과의 관계도 명확해진다.

여가에 대한 가치관의 변화로 Sport-Leisure 분야의 전망도 좋다. 여가시간의 증가와 신체활동의 필연성에 힘입고, 삶을 즐기면서 여유를 가지고 생활하려는 라이프스타일이 확산됨으로써 이 분야는 황금시장으로 변하고 있다. 이에 대응하기 위해 문화체육관광부는 2009년부터 2013년까지 5년간의 '스포츠산업 중장기 계획'을 발표했다. 단순한 생명 연장뿐만 아니라 삶의 질을 향상시키는 데 전공자나 전문가가 할 일은 무척 많다.

제 2 장

MANAGE
SPORT-

Sport–Leisure의 경영

MENT OF
EISURE

88 올림픽은 체육, 스포츠 분야에 상당히 큰 전환점이 되었다.
체육은 올림픽 이전 소수를 대상으로 한 소위 엘리트체육으로부터 올림픽
이후 시설물과 경험을 바탕으로 한 생활체육이라는,
보다 광범위한 형태로 서서히 전환되었다. 주 5일 근무제, 주 5일 수업제가
실시된 후에 여가시간의 사용, 건강 증진, 웰빙에 대한 관심이 높아지고 있다.
이런 현상들이 Sport-Leisure 분야에 몸담고 있는
전문인에게 던지는 의미는 심오하다.
이런 추세에 맞추어 프로그램을 만들어 시행하고 있는 조직이나
기구를 구분해서 알아보자. 그런 기구나 조직을
경영하고 운영하는 데 필요한 최근의 경영 개념과 기술은 무엇일까?
실제로 매일 발생하는 현상을 검토해서 스포츠 경영의
진로를 생각해보자.

01

기구·조직

Agency · Organization

기구나 조직은 모두 사람들이 모여서 이루어진다는 전
제하에 스포츠 시설을 구분해보자. 먼저 어떤 시설들이
Sport-Leisure 분야에 속하지 않는지 추려보면 그 분류를 쉽
게 이해 할 수 있다(제1장 Sport-Leisure의 정의 참고). 즉, 학교체육
시설은 제외될 것이며, 국가대표선수태릉선수촌, 군인체육상
무체육부대과 같은 엘리트체육 시설도 제외될 것이다. 기업체
에서 설립한 체육시설과 사원들을 위한 직장체육도 생각할
수 있다.

현재 Sport-Leisure를 제공하고 있는 기관이나 기구는 다
음과 같이 네 가지로 나눌 수 있다.

1) 정부기관Government Agency

정부기관에서 운영하는 올림픽 시설들이나 시도에서 운영하고 있는 공설운동장과 체육관 등을 들 수 있다. 국민체육진흥공단과 각 해당구청 생활체육과에서 운영하는 Sport-Leisure 프로그램들이 있다. 참고로 미국의 도시마다 경찰과 소방서가 꼭 있어야 하듯이 지역사회 레크리에이션 프로그램과 체육시설도 필수사항이다.

2) 봉사기관Voluntary Organization

봉사기관에는 사회봉사단체가 각 지역에서 운영하는 YMCA, YWCA, 사회체육 센터 등 많은 단체들이 있다. 이런 기구들은 비영리단체이므로 참가비가 적게 든다는 장점이 있으며 사회에서 꼭 필요한 프로그램들을 주로 다룬다. 나이 많은 사람들, 유아와 가정주부를 위한 프로그램들을 예로 들 수 있다. 대부분의 미국인들은 수영을 어렸을 때 YMCA에서 배웠다고 하며, 배구는 물론 피트니스 프로그램도 YMCA에서 유래되었다고 한다.

3) 상업기업Commercial Enterprise

영리를 목적으로 운영하는 모든 시설을 포함하며 이러한 시설은 점점 증가하는 추세이다. 호텔 피트니스 센터와 리조트 시설, 골프장과 컨트리클럽 같은 규모가 큰 기업체가 있는가 하면, 개인이 소규모로 경영하는 헬스클럽, 에어로빅 센터, 테니스장, 볼링장, 수영장 등이 있다. 이 분야에 속하는 기업체들이야말로 효과적인 경영에 더욱 관심을 기울여야 하며, 경쟁이 점점 심해지는 현실 속에서 경영 측면을 더욱더 중요하게 고려해야 한다.

4) 회원제 모임Private-membership Group

회원제를 중심으로 하는 동호회를 말한다. 매주 목요일 일간지 레저난에 공지되는 낚시, 등산동호인 클럽, 조기축구팀, 패러글라이딩 강습 클럽 등을 들 수 있다. 최근에는 조기 퇴직의 부산물로 생겨나는 학교 동창 중심의 산악회나 등산 모임, 골프 모임이 증가하고 있다. 이 분야의 전망은 매우 밝다.
이런 Sport-Leisure 기구들을 효과적으로 운영하기 위해서는 어떠한 경영이 필요한지 생각해보자.

02

경영의 정의

Definition of Management

경영Management에 대한 여러 가지 정의가 있지만, 미국경영협회American Management Associations, AMA에서는 "Management is getting things done through and with other people."이라고 정의하고 있다. 이 정의에는 세 가지 의미가 포함되어 있다. 'getting things done', 'through and with', 그리고 'other people'이 그것이다.

첫 번째 'Getting Things Done'의 의미를 생각해보자. 이 것은 일을 완수해야 한다는 뜻이고, 일을 끝내는 데 목적이 있다는 의미다. 그러므로 경영의 목적은 일을 성취하는 데 있다고 할 수 있다. 결과가 매우 중요한 개념으로 등장하는 것이다. 두 번째 'Through and With'는 '무엇을 통해서나 더불어서'라는 의미이다. 이는 경영의 방법론을 제시한다. 즉, 구조와 조직의 개념이다. 세 번째 'Other People' 은 타인이나 다른 사람들을 명시한다. 경영이란 자기 자신이 직접 하는 것이 아니라 반드시 타인을 포함시켜야 한다는 개념이다. '경영'이란 다른 사람을 통하거나 더불어 일들을 처리한다는 뜻이 된다.

1970년대 경영의 정의는 "Getting things done through other people."이었다. 보다시피 'with'가 빠져 있다. 그 당시 실정에서 경영은 다른 사람을 통해서 이루어지는 것만을 의미했다. 그러나 점차적인 민주화의 영향으로 1980년대에 와서는 사람과 같이 협조하면서 하는 것도 경영의 일부가 되었다. 간단히 말해서, 명령을 내림으로써 부하 직원을 시켜 일을 처리하는 것으로부터 동료와 더불어서 때로는 상사에게 부탁해서 일을 완수하는 것까지 포함된다.

1990년대부터 실제적인 측면까지 로봇과 컴퓨터가 급진적으로 도입되었다. 귀찮고 단순한 노동은 로봇에게 맡기고 가스나 냄새를 발산하는 물질을 인식하는 냄새 맡는 컴퓨터전자 코가 폭넓게 활용되고 있다. 미국 피트니스 클럽에서는 컴퓨터화된 운동 프로그램과 최첨단의 운동기구들이 운동생리학Exercise Physiology 전문가의 역할을 대신하고 있다. 사람만이 할 수 있었던 일들을 기계문명이 대신하게 됐다. 미래학 연구가인 존 나이스비트John Naisbitt가 말했듯이 이러한 기계문명들은 거의 반半인간으로 취급되어야 한다. 『동아일보』 창간 100주년 특집도 2010년경에는 지능 로봇이 등장하면서 인간과 로봇이 함께 생활하는 사회가 올 것이라고 예상했다. 2016년 지금 이 시점에서 보면 인간은 편리한 가전제품과 소통하기 시작했으며, 냉장고는 음식 관리뿐만 아니라 달력, 노트, 사진들을 보여주는 정보 센터 역할을 하고 있다. 스마트 TV는 컴퓨터와 인터넷의 역할을 추가하면서 엔터테인먼트 센터로 변신하고 있다. 따라서 기계문명을 통해서 일을 성취하는 것도 아마 경영의 정의에 포함시켜야 할 듯하다.

> **개념정리**
> 경영이란 타인과 테크놀로지에 의해서
> 계획된 목적을 완수하는 것

그렇다면 가장 알맞은 경영의 정의는 "Getting things done with and through other people and technology."라고 생각할 수 있다.

이러한 경영 개념이 매일 현장에서 실제로 적용되는 과정을 경영 기능이라고 한다. 기능에는 어떤 것이 있는지 구체적으로 알아보자.

03

경영의 기능

Function of Management

경영의 기능에는 계획Planning, 조직Organizing, 지휘Directing, 평가Evaluating의 네 단계가 있다.

1) 계획Planning

계획이란 기대한 목표가 이루어질 수 있도록 취해야 할 행동들을 미리 그려보는 과정이다. 간단히 말해서 결과가 잘 나오도록 설계하는 것이다. 계획 기능에서 선행되어야 하는 것은 목적을 설정하는 것이다.

목적이 없는 계획은 있을 수 없다. 그다음에는 설정된 목적의 가능성을 타진해보는 것이다. 즉, 시간적, 재정적, 실력, 재능 면으로 볼 때 가능한가를 타진해본다. 충분한 시간적인 여유가 있는지, 예산의 뒷받침이 있는지, 우리의 인적 자원과 자질을 고려했는지, 누가 보아도 잘 이해할 수 있도록 상세히 규정되어 있는지 등을 심사숙고해야 한다. 시작이 반이라는 속담이 있듯이 말이다. 이렇게 잘 정리된 계획은 두 가지 중요한 효과가 있다.

즉, 모든 사원들이 무엇을 해야 하는지 정확하게 이해하고 그에 대한 정신무장을 하게 된다.

예를 들어보자. 어느 기관에서 겨울에 회원들의 친목 도모Why를 위한 특별 프로그램을 만들려고 한다. 기획영업부장이 과장들과 여론조사를 바탕으로 토의한 결과, 스키 여행What으로 합의를 보았다. 그러면 어느 스키장으로 가느냐가 문제이다. 용평스키장Where으로 결정했다. 그다음은 언제 가는 게 좋을지 정해야 한다.

개념정리

계획(Planning): 어떤 일을 하겠다는 마음의 준비를 하고 나아갈 방향을 제시해주는 것이다.

용평에서 연말연시When를 지내는 것도 좋을 것 같다. 교통은 그 기관에 속한 버스How를 사용하기로 하고, 회원은 100명Who에서 마감하기로 목표를 세웠다.

2) 조직Organizing

조직이란 계획이 잘 진행되도록 기구나 주변 조건을 조성해주는 기능이다. 즉, 책임 분담이나 협조를 말한다. 이 조직의 역할은 첫째, 계획된 일을 분석해서 중요한 부분으로 나눈다. 둘째, 나눈 부분을 정확하게 묘사하고 책임과 권한을 규정한다. 셋째, 누가 어떤 부분을 수행할 것인지 결정해서 분담한다.

위의 예에서 선행되어야 할 일은 용평에 연락을 해서 연말의 사정을 알아보고 숙소와 리프트 티켓을 예약하는 일이다. 이 일은 영업부의

> **개념정리**
> 조직(Organizing): 세분화된 책임과 권한을 정확히 묘사해서 적임자에게 일임하는 것이다.

기획과장이 책임지기로 했다. 교통편은 관리부 관리과장이 책임지고 연말연시에 45인승 버스를 사용할 수 있도록 예약하고 아울러 만약을 대비해 눈길에서 부착해야 할 타이어체인도 준비하도록 했다. 운전기사는 용평 지리를 잘 알고 눈길 운전 경험이 많은 사람을 선정해줄 것을 부탁했다.

스키 여행에 참여할 회원들을 모집하는 것도 중요하다.

영업과에서 특별히 친목 도모에 초점을 맞추어서 홍보하고, 등록도 미리 받아서 11월 30일을 마감일로 정했다. 보다 나은 고객서비스를 위해 회원 10명당 지도자 한 명을 배정해서 스키도 가르치고 서울을 떠나서 돌아올 때까지 자신이 맡은 회원들의 신상을 보살피게 하는 지도운영부 지도과장의 역할도 정해졌다.

3) 지휘Directing

지휘란 목표했던 것과 똑같은 결과가 나오도록 노력하는 기능이다. 간단히 말하면 타인의 업무를 지휘하고 의욕을 고취시키는 역할인 것이다(Leading이라는 학자도 있다). 지휘를 하다 보면 잘 되어가는 경우도 있고 그렇지 않은 경우도 있다. 잘못된 일이 발견되면 수정하는 역할도 물론 이 지휘 기능에 포함되어 있다. 지휘 기능에서 중요한 조건은 경제적이어야 하며 또 적시적소에서 행해져야 한다는 것이다.

이 지휘에는 두 가지 스타일이 있다. 전제적인 것과 민주적인 방식이다. 전제적인 스타일은 부하 직원에게 무엇을 언제, 어떻게 하라고 주로 명령하고 계속 감시하는 것이다.

여기에서 중요한 단어 세 가지는 조직, 통제, 감시이다. 반면에 민주적인 스타일은 직원들의 의견도 듣고 서로 대화도 나누면서 용기를 주고, 최종 결정 단계에도 직원들을 포함시키는 것이다. 여기서 중요한 세 단어는 칭찬, 경청, 조성이다. 성공적인 경영자는 자기 스타일을 경우에 맞게 잘 적응시킬 수 있는 사람이다.

기획영업부장은 전반적인 계획에 따라 조직 분담을 한 뒤 책임이 부여된 과장들의 진행 상황을 지켜보고 문제가 생기면 해결하게끔 도와주면서 목표를 달성하도록 용기를 준다. 먼저 용평스키

> **개념정리**
> **지휘(Directing):** 처음 목표와 마지막 결과가 동일하게 나오도록 꾸준히 노력하는 과정이다.

장에 예약이 되었는지 알아본다. 다행히도 일찍 계획을 세웠기에 별문제가 없었다. 방 예약에는 조금 혼동이 있었다. 호텔은 너무 비싸고 콘도는 여러 채를 빌려야 하기에 힘들었고 민박하기에는 회원 수가 너무 많아 유스호스텔로 결정했다.

홍보도 잘 되고 회원들의 반응도 좋아 일하는 사람들의 사기도 높아졌다. 관리과장의 보고도 아주 만족스러웠다.

단지 지도과장의 고민은, 스키 여행을 가고 싶어 하는 많은 지도자들 중에서 10명의 지도자만을 뽑아야 하는 일에 공정성을 기하는 것이었다.

4) 평가Evaluating

평가란 일이 잘 진행되었다고 생각했을 때의 결과Objectives 를 묘사하고 기록해두었다가 실제로 일어난 결과와 비교하는 기능이다.

개념정리
평가(Evaluating): Objectives vs. Results

평가는 항상 기준이 있어야 한다. 기준에는 역사적인 것과 비교적인 것이 있다. 역사적인 것은 작년도 예산, 지난 학기 성적, 지난달의 수입 등 과거의 실적을 기준으로 하는 것이다. 비교적상대적인 것은 다른 기구·시설과 비교해서 평가한다는 뜻이다. 자기의 경쟁자가 주로 비교의 대상이 된다.

그 밖에 또 하나의 기준이 있는데, 그것은 그때 사정에 맞게 특별히 설정Engineered하는 것이다. 이를테면 다음 달 말까지 사업보고서를 제출하라고 했다면 다음 달 말이 설정 된 기준이다.

　모든 일이 순조롭게 진행되어 재미있는 스키 강습이 되 었으며, 아무 사고 없이 무 사히 서울에 도착할 수 있 었다. 물론 여행이 진행되는 동안 지휘 기능과 동시에 평 가가 이루어지고 있지만, 총

> **개념 정리**
> **세 가지 평가 기준:**
> 1. Historical
> 2. Comparative
> 3. Engineered

결산은 계획이 모두 완수된 시점에서 하는 것이 통례이다. 등록마감일인 11월 30일보다 보름 앞선 11월 15일에 100명 이 이미 등록을 끝냈으며, 각 부처에서 협조해주어 아무 차 질 없이 계획했던 대로 스키 여행을 끝냈다.
　중요한 사실은 다녀온 회원들이 내년에도 또 스키 여행 을 가자고 요구하여 성공적인 여행임을 입증해주었다는 점 이다. 수입 면에서도 경비를 모두 제하고도 200만 원이 남 았다. 이 여행은 원래 회원 서비스 차원에서 시작했기에 이 수입의 의미는 더욱 크다. 또 나중에 안 사실이지만, 다른 기관에서는 회원을 위해 스키 여행 같은 것을 추진한 적이 한 번도 없었다고 한다. 이 정도의 평가가 나오면 내년에는

좀 더 많은 회원들이 참석할 수 있도록 목표를 높일 수도 있다. 이와 같은 것이 바로 효과적인 경영이다.

이렇게 여행의 전반적인 평가를 하고 나서 각 개인과장들의 임무 수행은 어떠하였는가를 평가해볼 수 있다. 모두가 분담된 책임을 아무 착오 없이 실천했다고 평가되었다. 한 가지 특기할 것은, 홍보와 등록을 책임졌던 영업과장의 실적이다. 계획된 마감일(평가 기준) 전에 100명(평가 기준)의 등록을 마쳤다는 사실이다.

요약하면 경영의 기능에는 네 가지가 있다. 목적을 설정하는 것, 책임과 권한을 세분화하는 것, 결과가 잘 나오도록 노력하는 것, 정해진 기준에 따라 검토해보는 것 등이다.

개념정리

네 가지 경영 기능:
1. 계획(Planning)
2. 조직(Organizing)
3. 지휘(Directing)
4. 평가(Evaluating)

04

경영의 추세

Trend of Management

최근에 널리 사용되고 있는 새로운 경영 개념들을 알아보고 우리 Sport-Leisure 분야에서 도입해야 할 점들을 생각해본다.

1) 전사적 품질 경영Total Quality Management, TQM

TQM이란 에드워즈 데밍W. Edwards Deming의 질의 개념 Quality Concepts을 시작으로 혁명적인 인기를 불러일으킨 경영 개혁이다. 이 개념의 특징은 고객의 필요성을 경영의 초점으로 잡는 것과 고객들이 질의 가치를 결정한다는 사실을 강조한다는 것이다. 고객이 프로그램을 택하기 전에 기대한 것과 고객이 프로그램을 통하여 직접 경험한 것과의 차이가 곧 질로 평가된다는 것이다.

"질을 개선하면 생산력은 강해지고 반면에 비용은 줄일 수 있다."라는 TQM의 기본 개념을 좀 더 자세히 살펴보면 다음과 같다. 'Total'의 뜻은 모든 면에서 질을 높이기 위한 노력을 의미한다. 즉, 고객이 원하고 필요한 것이 무엇인가를 알아내는 것에서부터 고객의 만족도까지를 과감하게 평가하는 것 모두를 포함한다. 고객으로부터 시작해서 고객으로 끝을 맺는다는 말이다. 'Quality'의 뜻은 고객의 기대감에 어긋나지 않았는지 또는 더 나아가 고객을 매우 충족시키겠다는 의지를 말한다. 'Management'의 뜻은 조직체나 기관이 질을 높이기 위하여 능력을 계속 발달시키고 유지하려는 노력을 의미한다. 모든 경영 과정은 계속적인 개선과 사원들의 꾸준한 참여를 요구한다.

2) 리엔지니어링Re-Engineering

리엔지니어링Re-Engineering이란 전 MIT 교수 하머Hammer의 혁명적인 이론이다. 앞에 'Re'가 명시하듯이 '다시' 창조하거나 처음부터 시작한다는 뜻이다. 지금까지 축적된 모든 지식과 방법을 과감하게 던져버리고 처음부터 다른 형식으로 접근한다는 획기적 개념이다. 근본적으로 다시 사고하고 획기적인 결과를 위해서 그 과정을 과감하게 다시 설계하는 것이다. 가장 중요한 개념은 기존의 경영 개선 전략들과 같이 임무, 직책, 사람, 조직 기구 등에 초점을 맞추는 것이 아니라 과정에 초점을 맞춘다는 것이다.

이 새로운 개념은 세 가지 요인에 근거를 둔다. 첫째, 고객이 비즈니스를 장악한다. 둘째, 경쟁은 점점 더

> **개념정리**
> Re-Engineering은 기존의 비즈니스 과정을 과감하게 다시 디자인하는 것

심각해진다. 셋째, 변화는 끊임없이 일어난다. 이 요인들에 대비하기 위해서는 융통성이 있어야 하고 빠른 대응력이 요구된다. 대표적인 특징은 종적으로는 모든 책임이나 결정권을 위에서부터 밑으로 내려보낸다. 횡적으로는 세분화된 많은 부서들을 통합해서 전반적으로 관할할 수 있는 팀을 구성한다. 모든 사업은 고객의 주문이나 필요로부터 시작하여 고객의 요구를 충족시키는 것으로 끝을 맺는다.

> **개념정리**
> Re-Engineering의 궁극적인 목적은: 고객만족

이를테면 'Sport-Leisure 센터가 왜 존재하는가?'라는 기본 개념에서부터 다시 시작해서 누구를 위한 센터인지, 그 사람들이 경영진에게 원하는 것이 무엇인지, 어떻게 그들이 원하는 것을 제공하고 전달해줄 수 있을지, 적은 비용으로 얼마나 빨리 전달할 수 있을지, 전달이 되었을 때 그들이 만족하는지 아닌지 어떻게 알 수 있을지, 만약 만족을 못했다면 어떤 사후 책이 있는지 등을 파악해야 한다.

현재 경영자나 사원들이 공통적으로 가장 잘못 이해하고 있는 점은 그들 자신이 고객이 무엇을 원하고 필요로 하는지 이미 다 알고 있다고 생각하는 것이다. 시대 변화에 따라 고객의 기호도 바뀐다. 고객에게 신경을 써서 그들이 원하고 필요한 것을 정확히 파악해야 하고, 그것을 만족시킬 수 있도록 전 과정을 다시 설계해서 새로운 각오로 다시 시작하는 것이 중요하다. 극단적으로 조직의 사명감이 바뀌고 경영자들의 역할이 재정립되면서 아주 새로운 조직이 탄생되는 경우도 있다. 이것이 우리가 명심해야 할 점들이다.

3) 벤치마킹Benchmarking

벤치마킹이란 최신 경영기법으로, 경쟁력이 뛰어난 어떤

기업을 모델로 선택해서 분석하고 장점만을 자기 조직에 맞게 과감히 받아들여 조직의 경쟁력을 향상시키는 일종의 창조적 모방 기법을 말한다. 주로 맬컴 볼드리지상Malcolm Baldrige National Quality Award 수상 기업들이 모델로 선택된다. 미국 비즈니스 분야에서 위상이 가장 높은 상이기 때문이다. 영화 분야의 오스카상과 동등하다. 이 상은 질에 대한 인식을 높이기 위해서 설립되었으며 질의 우수성에 관한 조건들을 설명하고 제시함으로써 '비즈니스 모델'이 되었다.

각 회사의 장점과 단점들을 파악하고 그것들에 대한 개선책을 찾는 데 도움이 되는 기구로 사용한다. 즉, 질·고객 만족·자아비평Assessment을 추구하는 과정이며, 측정 시스템으로 널리 사용되고 있다. 맬컴 볼드리지상의 일곱 가지 평가 기준과 차지하는 비중을 알아보면 다음과 같다.

① Leadership(15%): 모든 Level 경영자들의 리더십이 질의 개선 과정에 미치는 영향.

② Information & Analysis(7.5%): 질의 개선을 위한 자료 수집과 분석에 대한 회사의 노력.

③ Planning(7.5%): 회사의 계획 과정에 반영되는 질적인 요소.

④ Human Resource Utilization(15%): 인간 자원의 효과적이고 섬세한 이용도.

⑤ Quality Assurance of Products & Services(15%): 상품과 서비스의 완벽성.

⑥ Results from Quality Assurance of Products & Services (10%): 잴 수 있고 증명할 수 있는 상품의 질이나 운영의 개선 결과.

⑦ Customer Satisfaction(30%): 고객의 상품이나 서비스에 대한 만족도와 회사 운영의 참여도.

위의 평가 기준에서 고객서비스와 고객만족도가 상당 부분을 차지하기에 '고객서비스'를 좀 더 자세히 기술했다.

간단한 예를 들어보자. 2004년 초에 일본으로 건너간 야구선수 이승엽이 '본즈 벤치마킹'을 하면서 일본 야구에 적응하기 위한 변신을 했다. 즉, 미국의 홈런왕 배리 본즈를 모델로 해서 스윙 스타일에서 유니폼, 그리고 귀걸이까지 과감한 시도를 했다. 숨은 옛날 맛 찾기에 애쓰고 있는 식품업계에서는 "벤치마킹하라, 어머니 손맛"이라는 슬로건을 사용하며, CJ의 냉동 불고기 '너비아니'는 음식점의 불고기를 벤치마킹했다고 한다. 전반적으로 많은 기업들이 삼성을 벤치마킹하고 있는 것은 오래된 사실이다.

2009년 삼성이 추구하는 창조경영 모델로 일본의 게임업체 닌텐도를 벤치마킹하기로 했다. 닌텐도는 발상의 전환을 통해 청소년이나 하는 것으로 인식됐던 게임기를 두뇌 발달에 이롭고 온 가족이 즐길 수 있으며 건강에도 도움이 되는 생활정보기기로 만들어 시장 자체를 바꿨다는 평가를 받고 있다.

한국의 자동차 산업을 벤치마킹하는 개발도상국들이 늘어나고 있다. 한국이 신흥국 중 거의 유일하게 완성차 산업을 일으키는 데 성공한 국가이기 때문이다. 말레이시아, 베트남, 카자흐스탄 등이 한국의 성공 노하우 배우기에 나섰다. 한국의 새마을운동을 벤치마킹한 사례는 이미 널리 알려진 사실이다. 2004년부터 새마을운동을 벤치마킹하고 있는 콩고민주공화국은 국토개발과 국가 재건에 매우 소중한 시도로 여기며 이런 운동을 더 활발히 진행할 계획이라고 한다.

개념정리
벤치마킹이란 어떤 기업을 모델로 자신의 경쟁력을 향상시키는 모방 기법을 말한다.

4) 아웃소싱Outsourcing

필자는 1983년에 미국 IBM사를 벤치마킹해서 대리엔 Darien YMCA의 건물과 시설 관리를 전문 업체에게 아웃소 싱을 한 경험이 있다. 그때 IBM 회장께서 우리 YMCA 회 장직을 맡으면서 생긴 일이다. IBM은 컴퓨터회사로서 주력 사업인 컴퓨터에 집중하기 위해 소속 회사들의 건물 관리 를 전문 업체에게 용역을 주고 있었다.

두 개의 실내수영장과 체육관, 세 개의 라켓볼 코트와 체력단련장, 남녀 피트니스 센터, 캠프장과 자연호수 등 모 든 시설의 청결·안전·안보 상태를 점검만 하는 데 매일 한 시간 이상 걸렸다. 더욱이 문제가 발생하면 그 처리 과정 또한 복잡하고 더 많은 시간을 소모하곤 했다. 그러나 아 웃소싱을 한 후에는 매우 효율적이며 효과적인 시간 관리 를 필자는 경험할 수 있었다.

우리나라에서도 백화점 등 유통업체가 그들의 식품매장 운영을 전문 기업에 맡기는 전략적 제휴가 늘어나고 있다. 전문 업체가 식품관을 맡으면서 값은 싸지고 품질은 좋아 지니 백화점을 찾는 고객 수도 자연히 늘어나기 때문이다.

서울대학교가 외국계 컨설팅 회사에 한 과목을 아웃소

싱해서 학생들의 큰 호응을 얻고 있다. 2004년 봄 학기부터 경제학부 강의 진행은 물론 평가까지 하는 파격적인 사례였다. 학생들에게 현장 지식을 가르치고 현장감을 느끼게 하는 것이 아웃소싱의 동기였다.

기업들이 비용 절감을 위해 볼펜이나 종이 등 소모성 자재를 직접 구매하는 대신 외부 전문 업체에게 조달하게 하는 것도 한 예다. 비용 절감은 물론 핵심 업무에 집중할 수 있는 것이 더 큰 장점이다. 국방부의 구조개편안에 따르면 첨단무기와 장비 중심으로 미래전未來戰에 효율적으로 대비하고, 행정·군수·정보 체계 분야를 민간에 아웃소싱한다고 되어 있다.

개념정리

Outsourcing: 비전문 분야는 전문 업체에 용역을 주고 회사의 고유 분야에 주력하면서 비용도 절감한다.

5) 세계화Globalization

정보화 시대가 열리고 있다. 교통과 통신의 발달은 두말할 나위 없고, 인터넷의 활용으로 물리적인 거리가 제거되는 것도 글로벌화에 일조한다. 모든 면에서 국경이라는 장벽이 없어지고 자유롭게 교류하면서 하나의 세계로 통합되어가고 있다.

경영의 추세도 세계화다. 이는 국제화Internationalization와는 다른 개념이다. 수출을 많이 하고 해외지사를 만든다고 세계화된 기업이 되는 것은 아니다. 상품 기획과 마케팅뿐 아니라 원자재 및 자금 조달, 전략적 아웃소싱과 제휴, 인재 채용도 세계화 전략으로 생각해야 한다. 한마디로 기업 마인드를 세계화해야 한다는 것이다.

국가 간의 장벽이 무너지고 사회·문화적 장벽과 언어 장벽을 넘어서 모든 면에서 동질화 현상이 일어난다. 전 세계의 상품, 서비스, 인간 요소의 이동이 자유로워지며 그로 인해 새로운 상품 개발과 지구촌 시장 확보를 위한 치열한 경쟁이 일어나고 있는 것이다. 세계화에 앞장선 코카콜라나 맥도날드를 생각해보면 이해가 빠를 것이다. 최근에는 스타벅스 커피점이 한국에 상륙하여 빠른 속도로 가맹점을 늘리고 있다. 역으로 한국 운동선수들의 미국 진출이나 유럽 진출도 늘어나고 있다.

상품으로는 삼성의 전자제품, 현대의 자동차, LG의 가전제품들이 외국에서 잘 팔리고 있다. 이벤트로는 삼성전자가 미국에서 주관하는 여자골프 시합인 '삼성 월드 챔피언십'을 들 수 있다. 광고계를 보면, 나이키 상징 심벌과 같이 글자도 말도 없는 광고들이 늘어나고 있다. 언어가 다른 모든 나라에서 사용할 수 있기 때문이다. 2005년 9월에 외환은행은 인터넷뱅킹을 통하여 외화 송금을 실시간으로 할 수 있는 '글로벌 계좌이체' 서비스를 시작한 것도 세계화의 일면이다.

경영상황과 전략

Status and Strategies

경제의 발달과 더불어 스포츠가 레저화됨에 따라 생활
체육의 비중이 점점 커져가고 있다. 이렇게 빠르게 변해가
는 Sport-Leisure 경영의 현실을 정확하게 파악하기 위해서
여러 가지 시설을 방문하여 프로그램을 참관하고, 경영자
들과 직접 면담하고, 기관의 책자나 팸플릿을 자료로 작성
한 보고서들을 토대로 기술하였다.

1) 조직Organization

방문 조사한 대표적인 시설은 코오롱 스포렉스, 인터컨
티넨탈호텔 헬스클럽, 힐튼호텔 스포츠, 남산체육관, 샹젤
리제 라이프 케어 센터, 대학연합 스포츠 레저 클럽, 수안

보리조트, 용평리조트, 현대 다이아몬드 스포츠타운, 63빌딩 스포츠 센터, 한국사회체육센터, 잠실 YMCA, 그랜드백화점 스포츠 센터, 롯데 스포츠월드, 롯데호텔 헬스클럽, 국민체육진흥공단, 호레이스, 삼육재활원 체육관, KASKorea Athletic Service, 스포트시티SportCity 등이다.

(1) 조직 구조Organization Structure

코오롱 스포렉스에는 사장 밑에 본부장, 그 아래로 기획영업부·관리부·지도운영부의 3부가 있다. 기획영업부는 기획과·영업과, 관리부는 총무과·관리과, 지도운영부는 지도1과·지도2과로 나뉘어져 있다. 인터컨티넨탈호텔 헬스클럽은 매니저와 부매니저를 위주로 트레이너, 지도자, 탈의실 담당, 식당 담당자와 사원들로 구성되어 있다.

수안보리조트의 조직을 보면 운영본부이사를 중심으로 관리부·스포츠운영부·호텔운영부의 3부가 있으며, 호텔부는 객실과와 식음료과로 나뉘고, 스포츠부는 제설·학교·운영과로 분리되어 있다.

양지컨트리클럽에는 사장과 부사장, 전무, 상무, 이사가 있지만 총무부, 식음료부, 경기부, 관리부에서 실질적인 모든 사무를 처리한다. 또 중부컨트리클럽은 대표이사를 위주로 총무부·관리부·연수부로 나뉘어져 있는데, 연수부는 골프장과 접해 있는 연수원에서 각 기업체 및 일반 단체의 연수를 목적으로 하는 것으로 골프장과는 별개의 기관으로 독립되어 있다.

주식회사 호레이스는 호텔, 레저, 이벤트, 스포츠 등을 취급하면서 스포츠 생활의 대중화를 위해 저렴한 비용으로 레저문화를 정착시키고 스포츠인의 저변 확대를 목적으로 하고 있다. 위로는 대표이사를 주축으로 전무이사·상무이사가 있고, 실무자로서 실장이 경리부·홍보부·전산실·레포츠지도부·이벤트사업부·송달부를 총괄하고 있었다. 총 사원은 50명이고 그중 체육과 졸업자가 7명이며 주로 영업부나 이벤트사업부에서 일하고 있다. 여성 사원은 4명인데 2명이 체육과 출신이다.

아시아 최대 규모를 자랑하는 JW 메리어트호텔의 스포츠 클럽은 4200평에 이르는 스파와 피트니스 클럽에서 다양한 체력 관리 프로그램과 첨단과학의 힘으로 최적의 운동 공간을 제공한다고 한다. 총지배인, 레지던스 매니저의 관리하에 수영장·체련장·골프·사우나·데스크의 5개 부서가 있다. 부서의 책임자는 헤드Head라고 부른다. 총 사원은 50명가량, 남녀 비율은 각각 50%, 체육 전공자는 25%가량이다. 직원 교육을 철저히 시킨다고 한다.

요약하면, 양상은 조금씩 다르지만 모든 조직체는 위로 총책임자 한 사람을 위주로 전문 분야인 3~4개의 부로 나뉘고, 각 부는 세분화된 과들로 구성되어 있었다. YMCA를 제외하고는 자원봉사자의 참여는 찾아볼 수 없었으며, 멤버나 고객이 조직 운영에 참여할 수 있는 기회도 전혀 없었다.

위의 시설들이 주로 취하는 경영 스타일을 조사해보고 앞으로의 개선 방법을 알아보자.

(2) 경영 방식Management Style

경영 방식에 대한 보고에 따르면 대개 일본의 경영 스타일의 영향을 받았거나 앞에서 기술한 전제적인 경영 스타일이 현저하게 많이 성행되고 있다고 한다. 그러나 한 곳의 경영 스타일은 외국에서 도입된 것이 아니라 7년 동안 수정·보안되어 체계를 갖춘 자체적인 스타일이라고 하였다.

현직 경영자들의 공통 경영 방식인 '권위 위주의 경영'은 하루 빨리 없어져야 한다. 즉, 직책이나 직위의 권위의식만 가지고 사원들에게 지시하는 것보다는 인간적인 권위나 인간기술People Skills로서 경영하는 것이 더 효과적이다. 인간기술이란 사원들에게 일을 시킬 때는 명확하게 설명하여 잘 알아듣게 하고, 그 사원의 가치나 인격을 존중하고 처해 있는 입장을 충분히 이해해주면서 그들의 말에도 귀를 기울이는 것이다.

많은 재벌들이 골프장 등 레저사업에 진출한 것은 이미 알려진 사실이다. 코오롱 스포렉스를 코오롱그룹에서 만든 이후로 대기업들은 스포츠 센터 사업에 관심을 보이고 있다. 삼성그룹에서 완성한 삼성레포츠센터 등 앞으로는 더 많은 기업들의 참여가 기대된다. 그러나 중요한 점은 재벌들이 기업의 이윤보다는 우리 사회의 체육 진흥에 중점을 둔 운영을 해야 한다는 것이다. 즉, 경영의 목적을 명확하게 해야 한다.

(3) 경영 전략 Management Strategy

경영 상황과 전략을 조사한다는 것은 누가 누구에게 무엇을 어떻게 서비스하느냐를 알아보는 것이다. 사원이나 경영자들이 고객이나 회원들에게 프로그램이나 시설을 통해서 질이 좋은 서비스를 제공하고 있는지를 알아보자.

Sport-Leisure 기관 경영에서 가장 중요한 것은 인간적인 요소로서, 경영자로서의 자질을 가지고 있는 실력 있는 사원들이다. 전반적으로 기관 예산의 75%가 월급과 기타 사원복지비로 지출된다는 사실을 보아도 그 중요성을 알 수 있다.

동아전기에서는 '사원들을 최고 대우하는 것이 회사를 초일류로 만드는 길'이라고 여겨 월급 총액의 1,200% 보너스를 주고, 회사 안에 잔디축구장·테니스장·농구장은 물론 노래방과 사우나 시설까지 갖춰놓고 출퇴근 때는 어학 공부와 영화 감상까지 시켜주고 있다. "사원들을 최고로 대우해줘야 회사에 대한 소속감과 자부심을 가지고 열심히 일을 하게 되고 그래야 사장도 떳떳하게 요구할 수 있다."는 이건수 사장의 경영철학이 사원 복지에 최우선을 두게 된 동기라고 한다. 이런 추세는 대기업에서도 마찬가지다. 삼성, 선경, 대우, LG 모두 사원 연수에 열을 올리고 있다. '사원 연수 사활 건 투자'라는 기사에 따르면 사원 연수에는 돈을 아끼지 말아야 하며 일류 사원만이 일류 기업을 만든다고 했다.

사원 외에 다른 인간적인 요소는 고객이다. 소개된 TQM 정의에서의 '고객의 중요성'과 리엔지니어링 기업 혁명의 영향도 고려해야 한다. 기존의 경영 체제나 방식을 과감하게 '고객만족'의 새로운 경영 방식으로 바꾸는 것에 힘입어 인간적인 요소가 두드러져간다. 모든 사업체는 사람을 위해서 존재한다. 이익보다는 먼저 사람을 강조그리하면 자연히 이익도 동반됨하기 때문에 사원과 고객이 경영 성공의 주요인 으로 부상하고 있다.

2) 인간적 요소People

고객의 정의에는 내적 고객Internal Customers과 외적 고객 External Customers이 있다. 전자는 경영자와 사원을 말하며 후자는 고객을 말한다. 여기서는 내적인 인간 요소를 다루고자 한다.

(1) 사원Staff

사원Staff이란 매일매일 일어나는 운영이나 경영을 직접 책임지고 있는 사람이다. 사원이란 말에는 경영자Manager와 고용인Employee이라는 의미가 모두 포함되어 있다.

A. 역할Roles

경영자와 고용인과의 상호 관계는 밀접한 관계이다. 어느 경영자든 위로 상관이 있기 마련이다. 보고를 해야 하는 상관이 있을 때는 그 경영자도 고용인의 역할을 한다. 즉, 부하 직원들을 다스리는 역할만 생각할 것이 아니라 동시에 자기 자신도 부하 직원으로서의 역할도 있다는 점을 잊지 말아야 한다.

나를 채용하는 사람은 내가 보고를 하는 나의 상관이다. 그러나 나의 직무 결과는 나에게 보고를 하는 부하 직원들의 근무 성과와 실적에 달려 있기 때문에 그들이 나를 능력 있는 경영자로 만들어줄 수도 있고 반면에 무능력한 경영자로 만들어서 결과적으로 나를 해고시킬 수도 있는 미묘한 관계가 될 수 있다.

직위가 높거나경영자 낮거나고용인 간에 사원들의 직무는 크게 두 가지로 나눌 수 있다.

> **개념정리**
> 자기 자신이 직접 해야 하는 운영 임무Operating works와 다른 사람을 시켜서 처리해야 하는 경영 임무(Management works)가 있다.

직위가 높을수록 관리 기능이 더 많아진다. 즉, 사람을 통해서 일을 성취시킨다는 뜻이다. 운영 임무를 예로 들면 스포츠 시간에 직접 지도하는 전임교사들의 일을 들 수 있고, 또한 주로 경영 업무를 많이 취급하는 부장이라도 자기가 직접 보고서를 읽고 전화를 받고 손님을 접대한다면 그

것들은 운영 임무로 간주된다.

경영자의 역할이야말로 Sport-Leisure 분야에서 가장 중요한 부분이다. 첫째, 앞에서 정의한 경영의 원리를 철저히 이해하고 자신에게 맞는 개인 스타일을 만들어야 한다. 둘째, 부하 직원들에게 자기 철학과 스타일을 알려주고 이해시켜야 한다. 셋째, 고객이나 다른 부서에 있는 직원들에게도 인식을 시켜야 하고 자기 입장을 고수할 수 있어야 한다. 넷째, 질의 개선을 위한 계속적인 노력을 중요시하는 분위기를 유지시킬 수 있어야 한다.

B. 자격Qualification

국민체육진흥법에 따르면 생활체육지도자는 1급, 2급, 3급으로 구분된다. 대학교의 사회생활체육 관련학과 졸업예정자로서 전 학년 교과 성적이 평균 70/100 이상인 자면 생활체육지도자 – 전문대학 출신은 3급, 4년제 대학 출신은 2급 – 응시 자격이 부여된다. '생활체육광장'지도자의 선발 기준은 정규 대학 체육학과 졸업자로 프로그램의 3개 종목 이상 지도가 가능하고 현장 지도 경험이 3년 이상이어야 한다.

그동안 많은 진전을 보였으나 아직도 Sport-Leisure 현장에서 종사하는 경영자들의 자격을 보면 전문성이 결여되어 있다고 한다. 첫째, 경영인과장과 부장 포함 대부분이 체육 전공자가 아니라는 현실이다. 경영자가 되려면 많은 경험과 전문적인 교육이 필요한 것이다. 어느 대규모 리조트의 경우는 체육과 출신이 전체 인원의 1% 정도의 극소수였으며, 그나마 이 전공자들도 거의 강사 역할만 하고 있는 실정이었다.

그러나 지도자 역할과 경영자 역할은 엄연히 다르다. 미국에서는 경영자의 역할을 충분히 감당하기 위해서 Program Management, Personnel Management, Facility Management, Fiscal Management, Time Management, Accounting & Budgeting, Sport Law, Sport Marketing, and Communication 과 같은 과목들이 필수 과목으로 요구되고 있다. 또한 경영의 개념정리에서 언급했듯이 기계문명의 발달에 따른 컴퓨터와 인터넷을 생각하지 않을 수 없다. 컴퓨터는 등록, 스케줄, 회원 관리, 예산, 프로그램, 통계, 브리핑 등을 효율적으로 처리해주는 경영도구로 불가피하기 때문이다. 이메일, 메신저, 인터넷 검색, 인터넷 마케팅 등 앞으로는 컴퓨터를 모르면 경영면에서 치명적인 손해를 초래할 것이다.

C. 채용-Employment

1989년 7월부터 체육시설 업소에 의무적으로 지도자를 배치하도록 규정하고 있다. 이를테면 골프장업 18홀 초과에는 2명 이상, 18홀 이하에는 1명 이상, 골프연습장업도 1명의 체육지도자가 필요하다. 조사에 따르면 많은 시설 업소에 체육지도자가 배치되어 있지 않기 때문에 규정을 위반하고 있는 현실이다. 또 국민체육진흥법에 따르면 사원이 500명 이상의 직장은 생활체육지도자Instructor를 배치하도록 규정되어 있다. 이 법이 제대로 시행되면 12,000명의 체육계통 졸업자가 취업할 수 있을 것으로 추정하고 있다. 또 생활체육 인구의 확대는 시대적인 현상이기에 생활체육지도자는 절대 부족하다고 할 수 있다.

2005년까지의 생활체육지도자 자격 취득 현황을 보면 1급 382명, 2급 5,275명, 3급 83,386명이다. 자격을 취득했다고 직장에 자동적으로 배치가 되는 것이 아니라 각자 나름대로 직장에-공채든 개인적이든-어떤 형태로든지 채용이 되어야 한다.

채용 방법에도 비민주성과 비효율성이 아직도 존재하는 것 같다. 큰 기업체일수록 회사 전체로 필요한 인원에 맞추어 신입사원을 뽑은 다음에, 당사자가 원하는 업무 분야와는 관계없이 회사의 필요에 따라 일방적으로 부서 발령이 난다고 한다. 그 결과로 많은 비체육인이 Sport-Leisure 분야에 종사하게 되었다.

코오롱 스포렉스에서는 모든 분야의 채용은 본사에서 공채를 통해서 선출하지만 지도운영과는 예외다. 그러므로 운영과 직원 중 80%가 체육 전공 출신이다. 특채를 통해서 선배가 후배를 끌어주는 방식도 있었다. 또한 대학 재학 중인 체육 전공 학생들을 인턴사원으로 받아들여 3~4년간 봉사자, 보조자로 일을 시키다가 졸업 후에 정식 사원으로 채용하는 곳도 있었다. 많은 수료자들은 기업체의 생활체육지도자로서가 아니라 태권도 도장의 사범이나 에어로빅 센터의 강사로 진출하고 있다고 한다. 다행히도 2002년 월드컵 축구대회를 위해 건설한 축구장 몇 곳은 종합레저단지로 개발되거나 경기장 운영을 민영화하면서 적지 않은 체육 전공자들이 채용됐다고 한다. 그들의 많은 활약을 기대해본다.

지도자가 아닌 경영자는 누가, 어디서, 어떻게 교육을 시킬 것인지도 생각해보아야 한다. 스포츠 관련 부서의 장長들도 체육 전공자가 아닌 일반 학과 졸업자를 기용하고 있으면서 "우리 부서에는 아무래도 체육을 전공한 사람이 있어야지……." 하는 것이 지금의 실정이다. "……직접 운동 지도를 하는 부문뿐만 아니라 기획·관리하는 부문에서도 체육을 전공한 사람들이 많은 활약을 할 수 있으리라는 것을 피부로 느낄 수 있었다."라는 것이 서울대학교 학생들의 의견이었다. 비체육인이 더 많이 종사하고 있는 이 시점에서 선발 기준의 변화 등 구조적 체질 개선이 이루어져야 한다는 의견이 대두되고 있다.

D. 사원 교육Staff Training

많은 사원과장과 부장 포함들이 체육 비전공자라는 점도 문제이지만 더욱 문제인 것은 비전공자를 고용한 후에도 사원 교육Staff Training: On-the-Job Training or In-Service Training이 부족하다는 점이다.

사원 교육이란 채용된 후 직장에서 받는 교육을 말한다. 사원 교육의 목적은 신입사원에게 필요한 기술과 최근의 지식을 겸비시켜 좀 더 효율적으로 일을 처리할 수 있게 하는 것이다. 더욱이 체육을 전공하지 않은 사원이 입사했을 경우, 더욱 면밀한 사원 교육을 빠른 시일 안에 실시하는 것이 개인뿐만 아니라 직장에도 도움이 된다.

사원 교육에는 세 가지가 있다. 필수적인 교육, 전문성을 기르기 위한 교육, 그리고 개인 자신의 발전을 위한 교육이다. 필수적인 교육으로는, 처음 채용된 직원에는 그 기관에 관한 철저한 오리엔테이션을 인지시키고 일반적인 사항을 모두 이해시킴으로써 그들의 일과에 지장이 없도록 하는 것이다. 회사 조직 및 구조, 회사 규칙과 절차, 휴가와 혜택, 배속받은 부서의 역할, 직무 기술서밑에서 자세히 설명됨, 그리고 상관과 동료 직원들에게 소개하는 것까지 철저한 오리엔테이션이 필요하다. 이러한 것들은 어느 직장에서도 필요로 하는 공통적인 것들이다. 이는 직원들이 조직에 잘 적응할 수 있도록 도와주는 교육이다.

그다음, 사원에게 꼭 필요한 전문적인 사항에 대한 교육이 불가피하다. 이를테면 안전 규칙, 시설 관리, 지도 방법, 또는 누구를 막론하고 필히 알아야 하는 고객 관리, 판매 선전 등이다. 사원들에게 고객의 기분을 잘 맞추고 고객을 위해 적합하고 올바른 일을 할 수 있는 교육을 시켜야 한다. 고객을 잃거나 비즈니스를 잃어버릴 수 있기 때문이다.

타 과목 전공자들은 이외에도 체육에 대한 전문 지식직무 기술서에 명시된을 습득해야 한다. 채용 인터뷰에서 지원자의 '배우려는 자세'를 점검하는 이유도 여기에 있다. 충분한 사원 교육을 받으면 이들도 훌륭한 일꾼이 될 수 있으며 또 경험을 쌓은 후에는 훌륭한 경영자도 될 수 있다. 이는 직원들이 자신의 업무를 제대로 파악하고 효과적인 직무를 수행할 수 있도록 도와주는 교육이다. 삼성전자서비스는 연수원 체제 구축, 정부 인정 기술 자격 취득 의무화,

소비자 전문 상담사 과정 운영, 산학 협력 강화 등 전문화된 서비스를 위해 지속적인 노력을 기울이고 있다.

> **개념정리**
> 사원 교육에는 필수적, 전문적, 개인적인 면이 있다.

세 번째, 의사 표현, 스트레스 관리, 효율적인 시간 사용 등 개인 자신을 위한 교육이 있어야 한다. 특히 신세대 20~30세들의 특성에 맞는 자기 관리 교육이 절실하다. 개방적 태도, 개인주의, 감성의 추구, 조직 문화에 대한 의식의 차이 등 고려해야 할 점들이 많다. 한국리서치에 따르면 신세대의 직장만족도는 50점 수준으로 낮은 편이고, 회사에 대한 로열티도 낮았으며, 이직률도 입사 5년 내에 50%나 되는 것으로 나타났다(2009).

상관은 사원 교육이 끝났다고 방심하지 말고 계속 부하 직원들을 이끌어주고, 지도하고, 감독해야 한다. 서로 배려해주고 각자가 자신의 성장과 발전을 항상 추구한다면 자

연히 그 기관의 성장과 발전도 이루어질 수 있는 것이다.

E. 직무 기술서Job Description

전문성의 부족을 지적한 보고서들 중에서 구체적으로 직무 기술서를 예로 든 보고서도 있었다. 아무리 낮은 직책일지라도 해야 할 일들을 적어놓은 직무 기술서가 있어야 한다. 이것은 자신에게는 물론 동료들에게도 도움이 된다. 많은 전문가들에 따르면 사원 교육은 직무 기술서를 명백하게 이해하는 것으로부터 시작된다고 한다.

직무 기술서에는 직책명과 전반적인 직무 요약General Function으로부터 세부적인 직무 분야Job Segments까지 특정 직책이 무슨 일을 담당해야 하는지 명확하게 명시되어 있다. 즉, 중요한 의무나 꼭 해야 할 근본적인 활동 등이 명시되어 있으며, 이 직무들이 처해 있는 실정에 적합한지를 매년 재검토하고 수정하도록 되어 있다. 필수조건Know-How 란에는 이 직무를 수행하는 데 필요한 교육, 경험, 배경, 그리고 필수조건의 정도가 명시되어 있다. 주요 임무들이 나열된 후에 이 직책이 무엇 때문에 존재하는지, 또는 어떤 결과를 이루기 위해서 있는지 서술되어 있다. 다시 말해서 돈이나 예산, 시설, 사람들에 미치는 궁극적인 결과나 효과를 적는 것이다. 마지막에 평가 기준도 첨가하여 이 사원이 수행해야 하는 직무의 양, 질, 시간을 상관이 공정하게 평가할 수 있도록 되어 있다.

일단 직무 기술서가 완성되면 그 직책을 책임질 당사자와 상관이 검토한 후에 이의가 없으면 서로 서명함으로써 공문서로서 효력이 발생하게 된다.

개념정리
직무 기술서는 당사자와 상관과의 계약서이다.

인적 자원을 효과적으로 경영하기 위해 꼭 필요한 이 근본적인 서류가 없다면 초보적인 경영도 시작할 수가 없다는 것이 현실이었다. 사원들의 근무 평가는 무엇에 근거하고 있는지 궁금하다. 만약 상관이 그날그날 생각나는 일만을 시킨다면 그 직원은 혼동이 되어서 자발적으로 할 수 있는 일도 모를 터이고, 자발적으로 일할 의욕도 상실할 수 있다. 만약 상관이 아파서 출근을 못하는 날에는 그 사원은 무엇을 어떻게 하면서 하루를 지낼까?

요약하면 실력 있는 사원을 뽑는 것도 경영의 중요한 일부며, 그들에게 오리엔테이션을 실시하고 필요한 교육을 집중적으로 시켜서 직무 수행에 완벽한 준비를 하는 것도 경영의 중요한 일부다. 직무 기술서를 작성해서 그것에 따라 일을 추진하고 그 결과를 평가받아야 경영이 제대로 되어 가는 것이다. 그러면 사원들은 자기 직무에 만족하게 되고 그 조직은 성공적인 단체로 자리를 잡게 된다. 신입사원의 조기 퇴사 이유로 직무 적응 실패가 가장 많았으며 조직 적응 실패는 두 번째로 나타났다.

F. 경영자의 자질Competence

실력 있는 경영자가 되려면 경영 개념을 충분히 이해하고 조직 기구에 대한 충분한 지식Knowledge을 갖고, 그 지식을 적시적소에 응용할 수 있는 기술Skills을 습득해야 하며, 무엇보다도 경영자로서의 적성Attitudes을 갖추어야 한다.

> **개념정리**
> **능력의 구비 조건:**
> 1. Skill_ 기술과 실력
> 2. Knowledge_ 지식과 이해
> 3. Attitude_ 태도와 적성

지적인 면은 위에서 대부분 제시하였으며 나머지 지식은 특정한 기관이나 시설에 대한 것, 대부분 학교에서 터득한 전공 분야에 속하는 것이다. 기술면에서 가장 중요한 것은 대인관계 기술People Skills이다. 인간을 통해서 또는 더불어 일을 처리하는 것이 경영이기에 인간의 본성, 태도, 행동을 이해할 수 있는 통찰력과 그에 따라 행동을 조정할 수 있는 높은 처세술이 요구되는 것이다. 그 밖에도 경영자로서 자기 시간을 적절하게 잘 사용하고, 말로나 글로 자기 생각을 정리해서 표현할 수 있고, 문제를 해결하는 기술Problem-Solving Skills이 있어야 한다.

적성면을 보면 먼저 지도자가 될 수 있어야 한다. 이것은 권위적인 상관의 개념이 아닌 집단을 이끌어 나가는 리더십의 존재를 뜻한다. 조금 더 나아가 코치나 선생의 역할까지도 감수할 수 있어야 한다. 사원들에게 책임을 분담하고, 감독하고, 독촉하고, 칭찬하고, 용기를 주어 지시하고, 절충하고, 지켜보고, 평가하는 것 등이 적성에 맞지 않으면 아무리 박식하고 전문기술이 있어도 경영자로서는 부적당하다.

다시 말해 경영자는 인격을 갖추어야 함은 물론 적절한 사람을 쓸 줄 알고, 사원들을 교육시킬 줄 알고, 사원들과 의사소통이 잘 되어야 하며, 그들의 사기를 높여줄 줄 알고, 솔선수범해야 한다는 것이다. 가장 보기 싫은 경영자는 '부하 직원의 공을 가로채는 상사'로 조사됐다. 반면 경영관리를 효과적으로 하고, 직원들의 말을 경청하고, 책임과 권위를 일치시키고, 충분한 대가를 지불하는 경영자가 존경을 받는다고 했다.

요약하면 경영자의 지식은 주로 학교에서 배우고, 기술은 직장에서 체험으로 익히고, 지도자의 성품은 타고나야할 것이다. 이상적인 최고의 경영자란 가장 적합한 자격을 구비한 사람을 직원으로 채용하고, 완벽한 사원 교육을 통해서 몇 년 만에 전문가로 키워내는 사람이다. 또 특출한 업적을 남길 수 있는 최고의 근무 환경을 조성해주려고 부단한 노력을 아끼지 않는 사람이라고 할 수 있다. 그렇게 계속적인 지도와 격려동기유발에 힘입어 전문가로 성장한 사원은 장기근속은 물론 직장에 지대한 공헌을 하게 한다.

(2) 회원과 고객Member and Customer

앞에서 고객의 정의에는 두 가지가 포함된다고 하였다. 경영자와 직원을 뜻하는 내적 정의는 이미 다루었고, 여기서는 고객과 회원을 뜻하는 외적인 면을 살펴보자. 즉, 흔히 말하는 고객이다. 전반적으로 고객이란 다음과 같은 사람들이다.

- 우리의 도움을 받는 사람

- 우리 시설을 사용하거나 방문하는 사람
- 우리 상품을 사거나 프로그램에 참여하는 사람
- 우리에게 도움이나 안내를 청하는 사람

　간단히 말하면 시간과 장소를 막론하고 도움을 청하거나 필요로 하는 모든 사람들이라고 말할 수 있다.

　클럽헬스, 피트니스, 골프이란 회원들의 모임이라는 뜻이다. 어느 클럽에 소속되기 위해서는 그 기관의 정관과 규칙을 준수한다는 서약과 더불어 일정의 회비를 내야 회원 자격이 주어진다. YMCA나 구민회관 같은 비영리단체나 지역사회 단체의 회원은 쉽게 저렴한 회비로 가입할 수 있지만 영리단체나 고급 호텔, 리조트의 회원 자격은 그리 쉽지만 않다.

　현재 골프장 회원이나 호텔 헬스클럽을 사용하는 고객들은 주로 저명인사나 특수층으로 제한되어 있는 실정이다. 또 그들의 회원권이 턱없이 비싸 과소비의 병폐가 Sport-Leisure 분야에까지 영향을 미치는 것이 아니냐는 걱정이 서울대학교 학생들의 전반적인 의견이었다. 하루빨리 회원의 의미가 소수의 특수층에서 다수의 모든 국민을 포함하는 시대가 오기를 기대한다.

비교적 비싼 회비와 항상 부족한 주차장에 가득한 고급 승용차들만 보아도 이곳의 회원들은 부유층임을 알 수 있다. 주로 회원제로 운영하고 있지만 일반인들의 입장도 허용하고 있다. 용인에 있는 스키리조트의 고객들을 분석해 본 결과 25~34세의 사람들이 가장 많았으며, 주로 서울에 거주하고 있었다. 교육 수준은 대졸자 이상이 전체의 60%를 넘었으며, 직업은 대부분 전문직에 종사하는 사람들이었다. 대부분 회원의 수입은 300만 원 이상이었다. 노원구에서 실시한 생활체육 설문조사에 따르면 기회나 여건만 된다면 참여하고 싶다고 응답한 경우가 거의 90%를 웃돌았다.

TQM과 리엔지니어링의 선풍과 더불어 1990년대의 Sport-Leisure 분야의 초점은 시설과 프로그램을 떠나서 고객들에게 맞추어졌다. 고객에게 제공하는 스포츠 비즈니스를 하고 있는 것이 아니라 스포츠를 제공하는 고객 비즈니스를 하고 있는 것이다.

> **개념정리**
> We're Not in the sport business serving people. We're in the people business providing sport.

스포츠 경영은 앞으로 고객 중심으로 되어야 한다. 스포츠 비즈니스의 재산은 그 시설이나 프로그램이 아니라 그 것을 통해서 만족해하는 고객들인 것이다. 회원만족도조사를 종종 실시해서 회원들의 만족도를 알아보아야 한다. '만족'이라는 것은 〈제1장 Sport-Leisure의 정의〉에서 기술한 감정적인 측면이다. 그 결과 프로그램을 택한 후에 받은 이점이나 가치 또는 질 좋은 우수한 서비스들은 오랫동안 기억에 남게 된다. 그때 얼마의 등록비를 지불했는지는 벌써 잊어버렸지만 말이다.

그럼 우리 고객들이 진정으로 원하는 것은 무엇일까? 그 것은 서비스, 서비스, 서비스이다What customers really want: Service, Service, Service.

3) 전달 계통Delivery System

전달 계통이란 위에서 기술한 조직이나 모임을 통해서 경영자로부터 고객에게 상품을 전달하는 형태를 말한다. Sport-Leisure 분야에서 취급하는 상품이란 주로 프로그램 자체와 고객들이 자유로이 사용할 수 있는 시설을 말한다. 그러나 눈에 보이지 않는 고객 서비스는 전달 과정에서 없

어서는 안 될 중요한 요인으
로 부각되고 있다.

개념정리
Sport-Leisure 상품:
1. Program
2. Facility
3. Service

(1) 프로그램Program

간단히 프로그램을 정의하면 'Sport-Leisure를 체험할 수 있는 기회를 참여자들에 제공하는 것Opportunities for individual to experience Sport-Leisure'으로 요약할 수 있다. 요즘 국민들의 생활수준 향상으로 생활체육이 많이 활성화되고 프로그램의 종류도 다양해지고 있다.

A. 프로그램의 종류

다수가 즐기는 종목들을 살펴보면 맨손체조, 줄넘기, 축구, 육상, 조깅, 등산, 농구가 있다. 1989년 체육청소년부는 지도자 없이도 손쉽게 활용할 수 있는 프로그램 모형 530종을 개발·보급하였으며, 이후로도 지속적으로 개별 프로그램을 개발하여 국민 모두가 활용할 수 있도록 했다.

건강하고 풍요로운 2000년대를 위하여 국민체육진흥공단도 생활체육 향상을 위한 여러 가지 사업과 프로그램을 펼치고 있다. 수영교실, 테니스교실, 에어로빅, 리듬체조, 헬스, 체조, 탁구, 배드민턴, 검도, 농구, 요가교실 등을 운영하고 있다. 1991년 '사회체육 붐'에 관한 기사에서는 축구·배드민턴·야구·농구·탁구·테니스·수영·게이트볼 등이, 1992년 '생활체육 붐 확산' 조사에서는 배드민턴·수영·테니스·볼링·등산이 인기 종목으로 나타났다. 최근에 와서는 스키, 댄스스포츠 등도 인기를 끌고 있다.

노원구청 생활체육과에서 운영하고 있는 프로그램에는 9개 종목에어로빅, 배드민턴, 게이트볼, 배구, 테니스, 수영, 스케이트, 볼링, 탁구이 있으며 이 밖에도 구민 달리기 대회나 산길 걷기 대회 등을 유치하고 있다. 산길 걷기 대회는 지역의 특성을 살린 좋은 프로그램이라고 할 수 있다.

미국에서 실시한 '스포츠 참여도 연구Sports Participation in 1990 Study'에 따르면 다트 던지기와 걷기가 많이 증가하는 운동으로 나타났고, 여성들에게 가장 인기 있는 종목은 에어로빅과 걷기로 나타났다. 1992년에도 여성들에게 가장 인기 있는 종목은 걷기였으며 수영과 에어로빅이 각각 그 뒤를 이었다. 남자들이 좋아하는 운동은 수영, 걷기, 기구운동, 농구와 골프 순으로 나타났다. 회사 사장단에 설문해본 결과는 골프가 단연 우세했으며 이어 낚시, 사냥, 테니스와 스키 순으로 나타났다.

최근 한국체육대학교 생활체육연구소소장 김종욱 교수가 도

시인을 대상으로 선호도가 높은 종목을 조사한 결과를 보면 수영, 테니스, 골프, 농구, 탁구, 헬스, 배드민턴 등의 순이었다. 특히 수영은 여성들이 가장 하고 싶어 하는 생활체육 종목으로 집계되었다. 그러나 서울대학교 학생들의 보고에 따르면 Sport-Leisure 프로그램 개발과 보급이 아직도 초보적인 수준에 머물고 있다. 즉, 개념정리부터 시작해야 할 것 같다.

일류급 호텔 헬스클럽 회원권 소지자들이 자주 사용하는 시설을 비교해보면, 체련장 이용자 수는 사우나 시설 이용자 수의 반에도 미치지 못하고 있다. 즉, 체력 단련이나 건강 유지보다 주로 휴식을 목적으로 이용되고 있음을 알 수 있다. 특히 휴게실에는 고객을 위한 서비스로 담배가 항상 비치되어 있어, 담배와 건강의 멋진(?) 대조를 보이고 있다. 진정으로 고객을 위한다면 담배를 공급하지 말아야 할 것이다. 헬스클럽에 대한 이용자의 인식 변화와 개인의 건강에 대한 관심의 증가가 필수적이라고 지적되었다.

여름과 겨울방학 동안에는 주로 특강이 성행한다. 발레교실, 건강스포츠 교실, 스키캠프 등 선착순 모집을 강조한다. 특기할 만한 점은 어린이를 대상으로 한 체중 조절 프로그램이 있다는 것과 대입반이 있다는 것인데, 전자에서

는 최근 문제가 되고 있는 어린이 비만증의 심각성을, 후자
에서는 대입의 어려움을 읽을 수 있다.

2005년 7월 1일부터 300인 이상 사업장으로 주 5일 근무
제가 확대되면서 더 많은, 더 다양한 프로그램이 선보이고
있다. 서울시내 특급 비즈니스 호텔이 주말에는 레저 호텔
로 탈바꿈하고 소비자들의 주말 여가 잡기 프로그램 개발
에 나서고 있다. 그러니 우리들도 주 5일제의 주인공이 되어
보자. 신용카드사들은 본
격적인 주 5일 근무 시대
를 맞아 레저 전용 카드에
역점을 두고 있다고 한다.

개념정리
프로그램의 초점:
1. 고객이 원하는 것
2. 고객이 필요로 하는 것
3. 고객이 기대(Demand)하는 것

B. 프로그램 개발Development

영어 단어 'Program'은 'Pro앞으로'와 'Gram쓰는 것'의 합성어
다. 미래를 기획한다는 함축성이 있는 말이다. 새로운 프로
그램을 개발하거나 현재의 프로그램을 개선하는 과정에서
가장 중요한 점은 고객이 원하는, 필요로 하는, 기대하는
것을 제공해야 한다는 점이다. 설문조사서면이나 전화, 면접개
인이나 그룹 등을 통해서 고객에게 물어볼 수 있다. 그 결과에
따라서 구성하고, 실행해보고, 가장 중요한 평가를 해서 고

칠 점은 고치면서 고객들이 자유로이 택할 수 있는 프로그램을 구성해야 한다. 프로그램의 개발에는 네 가지 단계기본원리가 있다.

a. 목적Purpose

어떤 프로그램을 개발하든 프로그램의 목적Purpose, Objective을 설정하면서 시작된다. 목표가 없거나 정확하지 않으면 그다음 단계로 진행될 수 없다. 무엇을 성취하기 위해서, 왜, 어떤 결과를 기대하면서 등을 직시해보는 과정이다. 프로그램의 결과물을 간결하고 명확하게 묘사정의하거나 서술하면 된다. 간단한 'Purpose=Result'라는 공식이다. 즉, 다이어트 프로그램의 목적이 5kg 감량이었다면 종강 때 기록된 몸무게가 정확하게 그 프로그램의 성공 여부를 알려주게 된다. 정확한 목적을 가지고 진행해야 계획된 결과이해, 배움를 가져올 가능성이 높다. 목적·목표가 없이 진행되는 것은 화살을 쏠 때 목표 없이 활시위를 당기는 것에 비유할 수 있다.

b. 체험Learning Experience

배움이란 참가자의 능동적인 행동체험을 통해서 일어난

다. 즉, 참가자가 직접 몸으로 경험한 것을 배우게 된다. 정신적Mental인 이해도 중요하지만 실제로 체험Mental+Physical을 해봐야 한다. 이 분야의 공부와 다른 과목역사, 철학과의 차이점이다. 수영 프로그램에서는 학생들이 물속강의실이나 책상 위에서가 아니라에 들어가서 여러 번 반복해서 수영 연습을 해야 한다. 또 선생이 학생 대신 배워줄 수도 없다. 선생Instructor이 활 쏘는 방법을 설명하고 시범을 보여준들 학생들의 실력은 향상되지 못한다(이해에는 도움이 되겠지만). 학생·참가자가 직접 쏘면서 시행착오를 거치는 체험을 통해서만 배울 수 있다. 이렇게 꼭 필요한 체험들을 체계적으로 열거하고 디자인하는 단계다.

c. 조직Organization

프로그래밍에는 두 가지 축의 개념이 있다. 종적으로는 시간Vertical: Time의 개념이고, 횡적으로는 종목·주제의 개념Horizontal: Subject이다. 전자 시간의 개념은 강의 내용을 분석해 보면 이해가 쉬울 것이다. 첫 시간에서 시작하여 마지막 시간까지 단계적으로 강의 내용이 진보한다. 학기별로는 초급반에서 중급반, 중급반을 졸업하면 고급반으로 올라가는 것과 같은 프로그램의 연장성과 참가자의 진보 상황을 말하는 것이다. 승급이라는 동기 부여로 계속 등록하고 참석하니까 기업이나 학교의 수입 증가는 물론 경영 목표 달성에 도움이 된다.

후자 종목·주제의 개념은 말 그대로 종목들 간의 관계를 말한다. 참가자가 택하고 있는 종목·과목이 여러 가지라면 그 종목들 간의 연계성도 고려해야 한다. 에어로빅과 수영을 배우는 참가자가 있다고 가정해보자. 어떤 종목을 먼저 택하면 편리할까? 물론 에어로빅을 먼저 하면서 땀을 쭉 흘린 후에 시원한 수영장에 들어가는 것이 편리하다. 또 에어로빅 시간에 심폐량에 대한 강의가 있었으면, 수영 시간에도 심폐량과 수영의 역학 관계를 설명해준다면 당연히 참가자의 이해에 많은 도움이 될 것이다. 또 에어로빅과 웨이트 트레이닝을 번갈아 하는 프로그램도 이 맥락에서 개발된 것이다.

d. 평가Evaluation

가장 중요하지만 자주 경시되는 단계다. 평가를 통해서만 그 프로그램의 성공 여부가 판명되고, 만약에 성공적이 아니었다면 어떤 점을 개선해야 하는지가 분명히 나타나기 때문이다. 평가를 하지 않는다면 목표를 향해서 활시위를 당기고 나서 과녁을 쳐다보지 않는 것과 똑같다. 과녁을 확인해야만 결과를 알 수 있고, 그다음에는 어느 쪽으로 쏴야겠다는 판단이 생긴다. 목표와 결과를 비교해봐야 성공 여부Purpose≷Result를 확인할 수 있다. 부족한 점이 있으면 다음 프로그래밍에 반영하여 좀 더 완벽한 프로그램으로 개선할 수 있도록 한다. 즉, 네 가지 단계가 한 사이클이 되어 마지막 평가 단계가 끝나면 그다음 사이클의 첫 단계인 성공으로 이어져서 처음부터 다시 시작하는 것이 정상적인 프로그램 발전 과정이다.

프로그램이나 시설을 광고하고 멤버들을 끌어들일 때에 한 공약들과 멤버들이 거액을 지불하고 참가하여 이용해본 결과의 평가에서 큰 차이가 생기면 안 된다. 무엇을 가르쳤는지, 그중에서 얼마나 배울 수 있었는지, 어떤 시험을 통해서 상급반으로 승급시키는지, 시험 문제나 평가 방법은 공평하고 공정했는지 등의 자세한 평가 결과를 다음 학기에 반영시켜서 계속 발전해야 한다. 성공적인 프로그램이라면 교육 전과 교육 후의 발전상을 명쾌히

<개념정리>
개념정리
프로그램의 기본 원리
– Purpose
– Learning Experience
– Organization
– Evaluation

제시할 수 있어야 한다.

개념정리
평가(Evaluation)의 원리
Connection between:
- What is taught
- What is learned
- What is assessed

마지막으로 모든 프로그램은 꼭 서면으로 작성되어야 한다. 이렇게 해야만 프로그램의 방향을 잃지 아니하고, 연결성이 유지되며, 진보 상황을 한눈에 볼 수 있고, 또 문제가 발생한다면 그 원인을 곧바로 찾아낼 수 있다. 서면 프로그램이 있으면 도중에 선생이 바뀌어도 그다음 선생이 계속 수업을 진행하는 데 별문제가 없다. 서면으로 작성할 수 없는 프로그램은 프로그램이 아니다.

(2) 시설Facility

프로그램과 더불어 시설의 중요성을 강조하지 않을 수 없다. 좋은 시설이 있어야 좋은 프로그램을 제공할 수 있다. 프로그램을 떠나서 시설만 이용하는 고객도 많다. 2006년에 조사한 정기적인 체육시설 이용 실태를 보면 상업 스포츠(24.8%), 집 주변(24.5%), 학교 운동장(18.1%), 공공시설(17.3%), 야외(7.2%), 집 안(5.2%), 직장(2.8%) 순으로 나타났다. 체육시설 부족으로 Sport-Leisure 활동 참여에 어려움이 있다고 한 사람들이 49%로 나타났다.

2009년 전국 공공체육시설 현황 보고서에 따르면 체육관(529개소), 축구장(467개소), 테니스장(428개소), 수영장(243개소), 육상경기장(187개소), 골프연습장(40개소) 등으로 집계되었다. 기타 대부분의 공공시설로는 동네나 이웃에 근접해 있는 등산로(1,322), 약수터(727), 마을 공터(1,940) 같은 장소가 시설로 보고되었다. 그러므로 공공시설 이용률은 조심스럽게 해석해야 한다.

앞으로 직장 체육시설의 확보와 공동주택단지 내 체육시설 설치 의무 강화라는 정부 시책이나 장차 국민 여가선용 추세를 보면, 많은 시설들이 더 건축될 것은 자명한 일이다. 운동장, 다목적 체육관, 수영장, 체력단련장, 무도장을 비롯해서 부수적인 강의실, 탈의장, 샤워실, 사우나 등 종류도 다양하다.

Sport-Leisure 시설과 기관을 열거해 보면 다음과 같다.

- 댄스 스튜디오: 댄스 스포츠, 에어로빅, 한국무용, 기타
- 라켓 코트: 스쿼시, 핸드볼, 라켓볼, 테니스
- 마셜 아츠: 태권도, 요가, 명상, 기타
- 스포츠 센터: 수영장, 볼링장, 헬스클럽
- 연습장: 골프연습장, 사격장

- 비영리단체: YMCA, YWCA, 보이스카우트, 걸스카우트
- 운동장/경기장
- 지역주민 센터/시립휴양공원과
- 대학 피트니스 센터/레크리에이션 부서
- 회사: 피트니스교실, 직원 대상 서비스
- 호텔: 수영장, 피트니스 센터, 사우나, 기타
- 병원/의원: 웰니스 센터, 물리치료실
- 프로/아마추어/국제 스포츠
- 군대 내 시설
- 교정기관/법 집행기관
- 보육원
- 실버타운
- 집: 개인 운동, 개인 트레이너
- 야외: 여행 및 숙박, 스포츠 관광
- 리조트: 스키, 골프, 수상 활동

위에서 언급한 다양한 시설들을 관리하고 안전하게 유지하려면 전문적인 지식과 경험이 요구된다. 그래서 관리·유지만을 전문적으로 하는 외부 기관에 용역을 의뢰하는 곳도 있다. 세계적인 회사 IBM은 모든 시설을 관리 전문 회

사에 용역을 맡기고 있다. 전문 분야인 컴퓨터 관련 업무에 더욱 집중하기 위함이다.

또한 다음과 같은 사항들을 참고하면 Sport-Leisure 시설 운영과 유지에 도움이 될 것이다.

A. 편리Convenience

장소뿐만 아니라 건물·시설 사용에도 불편이 없는지 생각해야 한다. 어린아이와 노인들이 드나들기에 불편이 없는지도 배려하면 좋다. 대중교통 수단을 이용할 수 있는 장소인지, 주차장은 충분한지 등 장소의 편리함은 광고 수단으로도 사용될 수 있다(제3장 참고). 사람들이 여가활동을 하고 싶어도 못하는 이유 중 하나가 교통이 불편하고 왕복 시간이 많이 걸리기 때문이라는 보고가 있다.

B. 청결Cleanliness

청소뿐만 아니라 사인, 게시판, 건물의 외관 등 여러 가지에 신경을 써야 한다. 레스토랑의 좋고 나쁨은 화장실에 가보면 금방 알 수 있다. 눈에 잘 안 띄는 화장실, 샤워장, 탈의실도 중요한 곳들이다. 사우나와 목욕탕의 청소는 물론 위생적인 면도 유의해야 한다. 고객들은 항상 자신의 집처럼 청결하고 위생적인 상태를 기대한다.

C. 유지Care/Maintenance

고장 난 것이 있으면 빨리 고치도록 한다. 간단히 고장 난 전등을 바꿔 끼는 것도 중요한 일이다(몇 달 후에 바꾸는 것이 아니라 발견한 즉시 전등을 바꾸는 것을 말한다). 유지를 훌륭히 하면 건물도 오래가고, 고객들이 사용하는 데도 편하고, 또 고맙게 생각할 것이다. 창고도 깨끗이 보존하고 사용하는 기구들도 항상 최상의 상태를 유지해야 한다.

시설이 메시지를 보낸다는 말이다. 고객과 사원을 얼마나 배려하고 있는지 알아보려면 회사 시설물이 얼마나 우수하고 또 그것들이 잘 유지되고 있는지를 보면 틀림없다는 말이다. 시설을 개선하면 자연히 사원들의 사기와 생산력이 증가한다. 시설이 우수한 곳에는 고객들이 많이 몰리기 마련이다.

D. 안전Safety

사람들이 많이 사용하는 시설이므로 안전에 대하여는 각별한 주의가 필요하다. 복도가 어둡지는 않은지, 바닥이 미끄럽지는 않은지, 공기 소통은 잘 되는지, 비상구의 사인이나 전등이 항상 켜져 있는지, 소화전은 준비되어 있는지, 통로와 문이 막혀 있지 않고 언제나 빠져나갈 수 있게 되어 있는지, 소방서·구급차·경찰서 전화번호를 준비해놓았는지 등을 늘 점검해야 한다.

사람들이 많이 모이는 곳에는 사고가 발생할 가능성이 존재한다. 미리 예상하고 준비해야 한다. 위기 상황에 대비한 계획Intervention, 절차, 그에 따른 직원 교육을 주기적으로 실시해서 만반의 준비를 해야 한다. 무엇보다 위기 상황이 닥치지 않도록 미리 그 가능성을 없애거나 줄이는 계획 Prevention이 우선되어야 한다. 준비가 안 된 상태에서 고객이 다치거나 피해를 본다면 소송에 휘말릴 수도 있다. 경영자나 사원을 막론하고 사고를 미리 예방해서 항상 안전하고 즐거운 주위 환경을 제공할 의무가 있는 것이다. 최근에 스포츠 시설업 경영 관리자를 위한 전략 과정이 체육과학연구원에 개설됐다는 것은 매우 다행한 일이다. 안전 관리를 위해서는 지식, 경험, 능력을 두루 갖춘 사원이 요구된다.

E. 설계Design

Sport-Leisure 분야에서도 시설 설계의 중요성이 점차 부각되고 있다. 고객 관리와 프로그램과 더불어 가장 중요한 세 가지 요소로 꼽힐 정도다. 최근의 경향은 시설의 효과적인 운영과 사용도에 중점을 두고 있다. 효과적인 운영 경향으로는 에너지 절약에 따른 온냉방 시설과 최신 전기기구, 전구 사용과 유지비를 줄일 수 있는 인조바닥마루의 사용을 들 수 있다. 사용도의 경향으로는 테니스장처럼 넓은 공간을 한 가지 운동만을 위해서 사용하지 말고 테니스도 할 수 있고 에어로빅, 농구, 마루하키도 할 수 있는 다목적 시설로 설계하는 것이다.

체육시설 설계의 원리에는 네 가지가 있다. 첫째, 간단해야 한다. 둘째, 적합해야 한다. 셋째, 기능적이어야 한다. 넷째, 경제적이어야 한다.

개념정리

설계의 SAFE 원리:
1. Simple
2. Appropriate
3. Functional
4. Economic

이러한 추세를 설계 단계에 반영하고 사용자들의 요구 사항을 첨부하기 위해서는 체육인이 처음 설계 단계부터 참여해서 계속 설계자들과 의견을 교환해야 한다. 설계를 잘하면 사용하기에도 편하고 운영하기에도 효과적이다. 즉, '좋은 설계가 곧 좋은 경영인 것이다Good design is good management.' 앞으로 스포츠 클럽과 헬스클럽은 좀 더 크게 설계해서 더 많은 프로그램을 운영할 수 있게 하는 스포츠 몰 개념으로 가고 있는 추세다. 다수의 연령층과 피트니스 수준의 요구를 충족시키기 위해서다. 또한 단시간을 이용하든 하루 종일 이용하든 고객이 아무런 불편 없이 사용할 수 있게 배치해야 한다. 에어로빅은 줄어들고 요가와 스파 등의 공간이 증가하고 있다. 주로 지하실을 차지하던 시절에서 가장 전망이 좋은 높은 층을 차지하는 시대가 되었다.

F. 위기관리Risk Management

우리나라의 안전 불감증을 생각하면 위기관리의 중요성을 강조하고 또 강조하지 않을 수 없다. 2006년 서울 강남의 한 백화점의 무료 개장 행사에 6만 명의 관람객이 한꺼번에 몰리면서 30여 명이 부상하는 대형 사고가 있었다. 안전사고가 일어날 수 있으니 대비하라는 경찰 경고도 무시했고, 용역 경비원들을 대상으로 안전 교육도 실시하지 않았으며, 그 숫자도 턱없이 모자랐다. 회사 측은 사려 깊지 못한 판단과 준비가 미흡한 탓이라고 주최 측의 잘못을 인정하고 깊은 사죄를 했다. 이런 대형 사고가 종종 일어난다. 어떻게 하면 이런 사고를 줄일 수 있을까? 존재하는 모든 위험성을 찾아내서 분석하고 평가해서 최대한의 방비책을 마련하는 위기관리를 해야 한다. 자산의 파괴를 방지하고 수익성의 감소를 보호하기 위해서다.

위기관리에서 중요한 것은 첫째, 사고Accident 방지다. 이미 앞에서 기술했듯이 항상 시설 유지·보관을 철저히 한다면 많은 사고를 미리 예방할 수 있다. 둘째, 상해Injury다. 상해는 참가자나 사용자가 다치는 경우다. Sport-Leisure 활동은 신체를 움직이면서 진행된다. 상해가 발생할 가능성이 항상 존재한다. 그 가능성을 제거하거나 줄일 수 있는 방지책들을 미리 마련해놓아야 한다. 강사나 지도자들에게 안전 교육도 철저히 시키고, 만약의 경우를 대비하여 응급처치자격증First Aids, CPR은 필수 사항이다. 셋째, 범죄Crime와 시설 파괴Vandalism도 발생하지 않게 시설 관리·운영의 치밀함이 요구된다. 미국 YMCA 직원들에게는 특히 저녁 무렵에 많이 발생하는 범죄와 시설 파괴를 방지하기 위해서 건물을 순찰하는 임무가 주어진다.

> **개념정리**
> Risk Management Planning:
> 1. Accident
> 2. Injury
> 3. Crime and Vandalism

어떤 위기가 있을까 끊임없이 상상해보고, 실제로 벌어진다면 어떻게 대응할지 미리미리 준비해보는 과정이 위기관리다. 이런 상식적인 사항들이

얼마나 체계적으로 대응 준비가 되어 있느냐에 따라 그 조
직이나 기업의 위기관리 능력이 평가된다. 철저하고 포괄적
인 위기관리 계획이 요구된다. 그에 따른 충분한 보험도 들
어야 한다. 사고보험, 상해보험, 또는 파괴된 시설을 보상해
주는 보험 등에 가입해두면 심적으로 안심이 될뿐더러 재
정적인 혜택도 돌아온다.

Sport-Leisure 분야에서는 고객들이 좀 더 건강해지기 위
하여 각종 프로그램이나 시설을 이용한다. 만약에 고객이
다쳐서 운동을 더 이상 못하게 된다면 병 고치러 왔다가 병
을 더 얻어가는 격이 된다. 또 이용 중에 소지품을 도난당
했다거나 범죄의 희생양이 되었다거나 주차한 차에 접촉사
고가 발생했다면 그 고객은 목적 달성은커녕 엄청난 손해까
지 감수해야 한다.

신체적으로는 물론 시간적으로, 재정적으로, 심리적으로
치명타를 입는다는 말이다. 차라리 아무것도 하지 않고 있
었던 것보다 못한 경우가 되어버린 것이다. 고객을 '만족'시
키기는커녕 고객을 불행하게 만든 결과가 된다. 신체활동이
근본인 이 분야의 고객 관리에서 가장 심각한 딜레마인 것
이다. 누가 뭐라 해도 고객의 안전이 최우선이다. 기술 습
득, 건강 증진 등 기타 목적들은 그다음의 문제다. 그러므

로 고객 관리의 출발점은 위기관리다. 고객 서비스는 이렇게 진화하고 있다.

(3) 고객 관리Customer Service

프로그램이 연극이라면 시설·기구들을 무대장치로 비유할 수 있고 직원들이 배우 역할을 한다고 말할 수 있다. 연극을 보러온 관객들이 우리의 고객인 것이다. 좋은 서비스란 먼저 연극 각본이 좋아야 하고, 무대장치도 적절히 맞추어주어야 하고, 배우들도 멋있는 연기를 했을 때 발생하는 것이다. 그런데 공연의 평가는 연극을 지켜본 관객들의 주관적인 판단에 의해서 이루어진다.

연극 외의 부수적인 요건도 포함된다. 연극 장소를 찾아오기 어려웠다, 도착해서 차를 주차하기 힘들었다, 입장권 사는 줄이 너무 길었다, 지정 좌석을 찾아주는 안내원이 없었다, 연극을 늦게 시작했다 등 사소하지만 관객들이 서비스를 평가할 때 많은 비중을 차지하는 사항들이다. 연극 공연은 성공적이었지만 이런 사소한 것 때문에 관객이 불편을 겪었다면 서비스는 실패한 것이다.

서비스는 고객 자신의 경험과 기대감에 의해 정해지는 것이다. 그래서 고객마다 생각하고 기대하는 서비스는 다르다. 서비스 질을 평가할 때도 어떤 한 가지나 한 번의 경험으로 전체 회사를 평가하는 경우가 허다하다. 한 번의 잘못이 가져오는 결과는 무척 크다는 말이다. 서비스의 원리는 고객이 원하는 것을 찾아내서 그것을 충족시켜주는 것이다. 단순한 개념이지만 그 실천은 그리 쉽고 간단한 것이 아니다. 미리 실천 방법을 연구하고 계획해서 항상 대비하고 있어야 한다.

> **개념정리**
> 서비스의 상식:
> 1. 항상 준비되어 있어야 한다.
> 2. 항상 질이 동일해야 한다.
> 3. 빨리 할수록 좋다.
> 4. 친절한 사원이 서비스해야 좋다.

서비스의 개념은 어려운 것이 아니라 아주 평범하고 상식적인 것이다Good Service is simply common sense. 가격은 보다 낮아야 하고 서비스는 더 친절해야 한다.

왜 고객 서비스가 중요할까? 왜냐하면 고객이 없으면 우리의 일들이 없어지기 때문이다No Customer, No Jobs. 또 고객이 정말 원하는 것은 앞에서 설명했듯이 서비스이기 때문이다. 그것도 질이 좋은 서비스인 것이다. 경쟁이 심해질수록 좋은 서비스가 결정적인 요구 사항이 된다.

서비스는 사업의 성공 여부를 좌우하는 요인이자 상품이 되었다. 최고의 상품은 고객들의 기대를 넘어서 정서적 만족감을 충족시켜주었을 때 완성된다. 서비스야말로 비즈니스 중의 비즈니스다Service is now the business of BUSINESS in America. 좀 더 구체적으로 서비스는 고객의 발길을 유인하는 마케팅이 되기도 하고 현재의 고객을 오래 보유할 수 있는 원동력이 되기도 한다. 즉, '최고 상품=최고 서비스=최고 마케팅'이라는 공식이 성립된다. 서비스 혁신 분야의 세계적인 권위자인 존 숄John Tschohl, 미국 서비스품질연구소 회장에 따르면 "서비스는 제한된 자원으로 기업의 매출을 극대화하는 가장 효율적 방법"이다. 최고경영자부터 말단 직원까지, 원료에서부터 완제품까지, 판매에서 고객 만족까지, 그리고 사회적 책임을 완수하는 과정까지도 서비스화되지 않고는 기업 서비스의 경쟁력을 논할 수 없는 시대가 왔다.

미국에서 고객 관리를 잘하는 회사로 널리 알려진 회사인 노드스트롬Nordstrom을 예로 들자. "우리 회사의 No.1 목적은 우수한 고객 서비스를 제공하는 것이다." 자기 백화점의 상품, 질, 가격 등의 이야기는 하나도 없다. 이는 서비스가 가장 중요한 제품이란 뜻이다. 그 밖에 몇 가지 표어를 들어보자. 고객우선주의Customer comes first attitude와 우수 시설에 우수한 서비스Excellent facilities, excellent services. 세계적으로 C.A.R.ECustomers Are Really Everything라는 주제로 10월 4~8일은 고객 서비스 주간으로 정해졌다. 미국에서 10월을 'National Quality Month'로 정해놓은 것만 보아도 그 중요성을 인식할 수 있다.

우리나라도 뒤지기는 했지만 최근에 와서 많은 발전을 보이고 있다. 4월을 '고객의 달'로 정한 LG전자는 "이제 불친절한 서비스는 요금을 받지 않습니다."라는 광고를 통해서 '고객감동서비스'를 시작했다. '고객만족 경영혁신'에 적극 나서고 있는 국내 최대 서점인 교보문고에서는 실제로 고객들의 입장에 서서 제공되는 서비스를 평가하겠다는 취지로 '미스터리 쇼퍼가장고객제'를 도입했다.

모든 경쟁은 고객들에 대한 서비스 차이에서 결정 날 것이라는 판단에서 서비스 개선 노력이 가시화되고 있다. 우루과이 라운드 협상, 외국 상사들의 국내 진출 때문에 일어나고 있는 서비스 경쟁은 점점 치열해지고 있다. 국민경제연구소에서 실시한 '국내외 금융기관 인식도 조사'에 따르면 외국 은행이 서비스가 더 좋다는 결과가 나왔다. "소비자 보호가 소홀한 국내 기업이 자극받아 품질을 조금만 높이면 수입품을 찾는 발길이 준다."는 것이 국민 인식의 주류라는 평가가 있었는가 하면, 외국 회사와 경쟁하기 위해서는 더 좋은 서비스와 더 질이 좋은 상품으로 대비하는 길

밖에 없다는 신문기사들이 나왔다.

　Sport-Leisure 경영 전략 중에서 '서비스'를 강조하는 것도 변화하는 시대 상황에 대처하기 위한 어쩔 수 없는 선택이다. 이미 고객들이 외국 기업, 은행, 백화점 등에서 수준 높은 서비스를 경험한 터라 기대감이 생성되어 있기에 우리 Sport-Leisure 분야에서도 고객 서비스에 신경을 써야 한다. 특히 영리를 위주로 하는 호텔, 헬스클럽, 사설 수영장, 체육관, 볼링장과 골프장은 고객 관리에 나름대로의 정책을 세워 준비해서 고객들의 기대감에 뒤지지 않아야 한다. 질 좋은 서비스로 고객을 행복하게 만들고, 다양한 프로그램을 통해서 고객들이 재미를 느끼고 보람을 얻게끔 하는 것이 우리의 비즈니스인 것이다. 그렇다면 무엇을 어떻게 준비해야 할까?

(4) 고객 중심 교육Customer-Focused Training

　먼저 우리 Sport-Leisure의 실정은 어떠한지, 체육시설 경영자에게 몇 가지 질문을 해보자.

- 직원들에게 고객 관리에 대한 교육을 시키십니까?
- 서비스를 제공하기에 충분한 직원들이 있습니까?

- 운영 시간이 고객들에게 적합하다고 생각하십니까?
- 규칙과 절차들이 시설·기관을 위해 만들어졌는지, 아니면 고객의 편리를 도모하기 위해 만들어졌는지요?

대답은 금방 도출된다. 최소의 인원으로 운영하다 보니 고객 관리 교육은 뒷전이고, 만약 있다고 해도 90도 인사를 연습하는 정도로 무척 형식적이며, 모든 절차나 운영 시간은 여지없이 회사나 경영자에게 편리하게 짜여 있는 것이 현실이다.

아직도 고객 서비스를 친절 서비스 정도로 이해하고 있는 회사가 많다. 직책경영자, 지도자, 안내원, 주차장 관리인에 관계없이 가장 중요한 관권은 고객에게 초점을 맞추어서 각자의 임무를 수행하는 것이다. 모든 시스템을 고객 중심으로 만드는 것이 중요하다. 고객에게 초점을 맞추기 위해서는 다음과 같은 비즈니스 십계명을 알아야 한다.

A. 비즈니스의 십계명Ten Business Commandments：
① 나의 고객은 우리 사업에서 제일 중요한 사람이다.
② 나의 고객은 방해물이 아니라 내 임무의 목적이다.
③ 나의 고객은 방문할 때마다 나를 도와주는 것이다.

④ 나의 고객은 외부인이 아니라 우리 사업의 한 부분이다.

⑤ 나의 고객은 나와 같은 예감과 감정을 가지고 있다.

⑥ 나의 고객은 나의 언쟁 대상이 되려고 여기에 온 것이 아니다.

⑦ 나의 고객이 필요하다는 것을 충족시켜주는 것이 나의 임무다.

⑧ 나의 고객은 세심하고 예의 바른 서비스를 받을 자격이 있다.

⑨ 나의 고객은 내가 봉급을 받을 수 있도록 한다. 고객이 없으면 내 직장도 없어진다No Customer, No Jobs.

⑩ 나의 고객은 우리 사업의 원동력이다.

비즈니스의 종류를 막론하고 회사 전체 직원들이 고객에 대한 인식을 새롭게 고쳐야 한다. 각자가 해야 할 역할과 이상적인 고객 관계를 위해 꼭 명심하고 있어야 할 일들이다. 반대로 해서는 안 되는 일도 있다.

> **개념정리**
> **서비스의 중요성: No Customer, No Jobs.**

B. 고객 서비스의 7가지 죄악Seven Customer Service Sins:

① 무관심한 것

② 퇴짜 놓는 것

③ 불친절한 것

④ 비웃는 것

⑤ 기계적인 것

⑥ 규칙만 따지는 것

⑦ 애먹이는 것

모두 직원들의 태도와 관련된 사항들이다. 고객이 왜 떠나는가에 대한 조사에서 68%가 불친절한 직원 때문으로 나타난 것을 보아도 7가지 죄악의 심각성을 알 수 있다. 이런 대접을 받으면 고객들은 화를 참지 못해 8~16명에게 불평을 털어놓는다는 사실과, 한 사람이 불평을 한다면 그 뒤에는 26명의 무언의 불평자들이 있다는 통계도 잊어서는 안 된다. 많은 사람들이 불평할 가치조차 없다고 생각하고 영원히 등을 돌리는 것이다. 죄악은 멀리하고 선행을 하려면 어떻게 해야 할까?

C. 서비스의 요령Service Tactics:

- 첫인상이 가장 중요하다.

- 배려, 양심, 예의는 대인관계에서 꼭 지켜야 할 미덕들이다.

- 적절한 대우를 하라_ 고객을 이해하고 어떤 서비스를 왜 원하는지 파악하라.

- 경청할 줄 알아야 한다_ 대화하는 법, 경청하는 법, 경청하지 못해 생기는 낭패 등을 배워라.

- 상품을 잘 알고 있어라_ 고객의 구매 결정에 도움을 줄 수 있다.

- 성난 고객이 불평하는 이유와 해결 방법을 배워라.

- 전화를 잘 사용하라_ 고객의 불편을 해소하고, 좋은 인상을 남기고, 만족감을 이끌어낼 수 있는 좋은 의사소통 방법이다.

고객을 대하고 그들의 만족을 이끌어내는 것은 전 직원들의 몫이다. 서비스를 제공하는 직원을 중심에 두고 생각하면 된다. 상대방에게 대접받고 싶은 만큼 상대방을 대하면 된다. 그저 상식이다. 우선 상식이 있는 직원들을 채용해서 적시적소에 배치하는 일이 중요하다. 사람을 대한다는 것은 쉬운 일이 아니다. 한동안 고객을 대하고 나면 굉장히

피곤해진다. 신체적인 면보다는 정신적으로 말이다.

낙관적인 직원, 성숙한 직원, 자신감을 가지고 있는 직원, 대인기피증이 없는 직원들이 고객 서비스 전선에 배치되어야 한다. 행동 수칙으로는 고객을 자신의 부모님과 같이 존경하는 마음으로 대하고, 만약 문제가 생기면 서로의 입장을 바꿔서 생각할 수 있는 마음의 여유를 지닌 직원이 적합하다.

직원들을 잘 관리하는 일 또한 중요하다. 일하는 데 불편함 없이 만족할 수 있게 보살펴주어야 한다. 직원 만족이 고객 서비스의 원동력이 되기 때문이다. 회사로부터 인간다운 대접을 받으면 자신도 고객들을 인간답게 대우하면서 신나게 일에 집중할 수 있다.

직원들을 만족시키기 위해서는 먼저 서비스에 대한 교육을 심도 깊게 받아야 한다. 위에 서술한 십계명, 7가지 죄악, 서비스 요령 등은 기본이다. 우선 자신이 서비스를 받을 줄 알고 고객에게도 베풀 수 있는 아량과 능력을 길러주어야 한다. 근무 시간에 서비스를 잘하는 순간이 포착되면 지체 없이 칭찬해주고 앞으로 더 잘하라는 격려를 잊지 말아야 한다.

그리고 일정 기간1년, 6개월, 3개월 등을 정하여 그 기간 동안 우수한 사원들을 선정해 공개적으로 recognition인정, 표창, 보수을 해준다면 동기유발이 된다. 회사에서 인정을 받는다는 것은 모든 사원의 희망이기에 그 효과는 대단한 것이다. 직원들이 고객을 왕처럼 대접하게 하려면 경영자가 먼저 직원들을 왕으로 대접해보라는 말이다.

D. 감정의 중요성Critical Emotion

인간은 감정의 지배를 받는다. 고객의 감정을 빨리 파악해서 적절한 서비스를 할 줄 알아야 한다. 고객의 느낌이나 불편한 점을 미리 알아차리고 이해할 줄 아는 능력Empathy을 길러야 한다. 감정과 감각을 통해서 연결된 고객은 충성 고객으로 남아 있을 확률이 많아진다.

많은 회사들이 '고객 제일'을 최우선 목표로 하고 있다. 그러나 좋은 상품을 싸고 편리하게 살 수 있도록 생각해주는 회사는 많지 않다. 이마트는 고객들의 재정과 편리는 물론 고객들이 몸소 느끼게 하는 데 초점을 맞추고 있다.

감정은 다른 사람에게 전염된다. 직원이 행복해하면 고객도 행복해진다. 즐겁게 일하는 직원이 고객을 즐겁게 해줄 수 있고 행복한 경험을 맛보게 할 수 있다. 간단히 '고객 서비스Customer Service=고객의 경험Customer Experience'이라는 공식이 성립된다. 고객의 경험이란 고객이 받고, 느끼고, 기억하는 서비스의 질인 것이다. 고객의 경험이 행복감으로 인지되면 그 서비스는 최고의 고객 서비스가 된다. 이런 행복감이 오랫동안 쌓여서 브랜드 경쟁력으로 승화되는 것이다. 2009년 대한민국 대표브랜드 대상을 수상한 미스터피자는 한 차원 더 높은 서비스를 제공하기 위해 '러브 경영'을 실천하고 있다. '러브 경영'의 핵심은 'No.1 고객사랑'을 전하는 것이라고 한다.

개념정리
Emotion plays a critical role.

서비스의 일환으로 스마일을 가르치고 연습Smile Training하는 회사도 있다. 스마일은 공짜로 만들어지지만 그것이 미치는 효과는 크다. 주는 사람에게서 빼앗는 것 없지만 받는 사람을 만족시킨다. 미소는 순간적으로 짓지만 그 효과는 영원히 지속될 때도 간혹 있다. 주는 사람이나 받는 사람 모두 기분이 좋아진다. 대한항공 창사 35주년 행사의 하나로 열린 '스마일 퀸 대회'를 보면 모든 직원이 항상 미소를 띠고 일하는 습관이 좋은 서비스의 지름길이 아닌가 생각된다.

(5) 효과적인 방법Cost-Effective

어떤 프로그램을 계획하고, 어떤 시설을 운영하고, 고객 관리를 어떻게 시행하든 먼저 재정적으로 효과적Cost Effective 이어야 한다. '비용은 적게, 효과는 많게'라는 뜻이다. 이것은 영리단체나 비영리단체에게 똑같이 작용한다. YMCA, 대학, 재단, 병원 등이 비영리단체의 대표이다.

영리와 비영리의 차이는 간단하다. 비영리단체는 수익을 올리는 것이 목적은 아니라는 점이다. 그렇다고 비영리단체가 재정 면을 소홀이 취급하는 것은 결코 아니다. 우선 적자를 내선 안 된다. 어쩌다 수익금이 발생할 수도 있다. 만약 수익금이 발생하면 그 자금으로 다른 부서를 돕거나 다른 프로그램을 지원할 수 있다.

재정보고서에는 보통 자산과 부채Balance Sheet와 이익손해 Profit & Loss 보고서가 있는데, 전자는 재정 현황을 설명하고 후자는 경영자에게 순이익이나 순손실을 주기적으로 알려주는 것이다. 수지 계산을 맞추기 위해서는 경제전문가들이 다루는 여러 가지 요인들이 많겠지만, 여기에서는 주로 생활체육지도자의 프로그래밍에 초점을 맞추었다. 프로그래밍에서 가장 중요한 점은 고객이 원하는 프로그램을 제공해야 한다는 점이다.

설문조사서면이나 전화, 면접개인이나 그룹 등을 통해서 고객들에게 물어볼 수 있다. 그 결과에 따라 프로그램을 구성하고, 실행해보고, 가장 중요한 것은 종종 평가를 하여 고칠 것은 고치면서 수시로 변하는 고객들의 요구에 맞는 프로그램을 작성해야만 한다. 그럼으로써 더 많은 고객들이 참여하게 되고, 그 프로그램의 목적도 달성될 것이며, 또 재정적으로도 성공할 수 있다. 즉, 고객People+프로그램Program=이익Profit이라는 공식이 성립된다. 매우 질 좋은 프로그램과 좋은 고객 서비스를 제공하면 성공재정적인 이익도 포함할 수 있다는 말이다.

이런 재정적인 면 이외에 시간적인 면에서도 효율적이 될 수 있다. 컴퓨터 혁명의 영향을 생각해보면 쉽게 이해가 된다. 컴퓨터는 주로 등록, 스케줄, 회원 관리, 예산, 프로그램, 통계 등 경영도구로 사용되고 있다. 컴퓨터를 사용함으로써 비용이 적게 들고, 효과적Cost-Effective으로, 많은 양과 좋은 질의 일들을 능률적Cost-Effective으로 처리할 수 있다.

개념정리
Effective의 세 가지 면:
1. 재정(Money)
2. 시간(Time)
3. 노력(Effort)

그러나 컴퓨터를 설치하

는 비용과 직원들을 교육시키는 노력을 먼저 생각해야 한다. 또 컴퓨터를 사용함으로써 직원의 숫자를 줄일 것인지, 그렇지 않으면 필요 없게 된 직원에게 다른 임무를 맡길지 미리 계획을 세워보아야 한다. 실제로 보면 컴퓨터를 도입한 후 직원 수를 줄이는 경우보다는 남는 직원들을 사무직에서 고객을 직접 대하는 부서로 옮겨 고객 관리를 보강하는 경우가 더 많다. 기계문명의 발달로 점점 줄어드는 인간 접촉을 보강하려는High-tech/high-touch 노력인 것이다. 앞으로는 컴퓨터를 사용하지 않으면 경영 면에서 시간적으로나 재정적으로 굉장한 손해를 초래할 것이다.

그 밖에 지도자, 사원, 시설들을 효율적으로 활용하는 것도 한 가지 방법의 'Cost-Effectiveness'이다. 그러나 우리 현실은 거리가 멀다. 많은 비용을 들여 준비한 첨단 기구들이 그다지 유용하게 쓰이지 못하고 있다. 또 4년제 대학에서 체육을 전공한 인재들이 수영이나 에어로빅을 가르치는 시간강사로만 활용되고 있다. 그 반대로 월급을 적게 받는 사원에게 적합한 일을 가장 높은 상사가 손수 했을 때 일어나는 시간과 예산 낭비도 과소비의 일종이다. 더 중요한 것은 그 사람은 경영자로서는 낙제생이라는 점이다.

결론적으로 앞으로의 Sport-Leisure 경영 전략이란 경영

개념정리
Cost-Effective: 효과적 '결과'
Cost-Efficient: 능률적 '과정'

자와 사원Manager/Staff, 시설Facility, 프로그램Program 이 삼위일체가 되어서 고객Member/Customer들에게 질이 좋은 고객 서비스Customer Service를 계속적으로 제공할 수 있게 노력하는 것이다.

4) 사업계획Business Planning

1970년대 미국경영협회에서 사용하던 사업계획Business Planning은 10년을 단위로 하는 장기 계획이었다. 1990년대에 와서는 5년 단위로 축소되더니 최근에는 3~5년을 단위로 하는 단기 계획이 유행하고 있다. 세상이 빨리 변하고 있기에 앞을 내다보기가 점점 힘들어지고 있다. 명칭도 '사업계획'에서 '전략계획Strategic Planning'으로 바뀌고 있다. 그런 전략계획 과정을 거쳐 만들어지는 결과물을 사업계획서Strategic Plan라고 부른다.

사업계획서란 무엇인가? 앞으로 한 회사나 단체를 이끌어줄 지도 역할을 할 문서다. 전략계획은 앞으로 갈 길·작전·방향을 정립하고 체계적으로 세우는 과정이다. 회사가 어디로 가고 있으며, 어떻게 그곳에 도착하려고 하는지 등의 로드맵을 그리는 과정이다. 이 과정은 회사의 비전을 창조하면서 시작된다. 비전은 여행의 목적지를 명확하게 표현하는 것이다. 도착지를 모르면서 어떻게 여행루트를 계획할 수 있겠는가? 비전 없이는 어떤 전략계획도 세울 수 없다.

(1) 이념선언서Vision Statement

어렸을 때 누구나 들어봤던 질문 하나가 있다. "너는 커서 뭐가 되고 싶니?" 이 질문의 대답이 곧 이념선언서다. 우리가 추구하는 고무적인 '미래상'이다. 분명하지 않지만 직관적으로 믿고 싶은 희망 사항이다. 미래 전략을 세우고 계획을 수행하기 위한 기초·기반이 된다. 비전은 프레임워크 역할을 한다. 간단한 구어나 문장의 형식으로 활기찬 어조로 솔깃하게 묘사할수록 좋다. 자극이나 영감을 줄 수 있다면 더욱 효과적이다.

1960년대 나이키Nike사의 비전은 "아디다스를 쳐부수자Crush Adidas."였다. 아주 간단하지만 의미심장하다. 경쟁자인 아디다스 회사를 물리치겠다는 각오였다. 오늘날의 비전은 "세계 최고의 스포츠 회사가 되는 것To be the number one athletic company in the world."이다. 험악한 선전포고에서 야심찬 선언서로 진화했다.

목적지나 미래상이 정해졌으면 그다음 단계는 그곳에 어떻게 도착할 것인지를 드러내는 사명선언서Mission Statement가 필요하다. 나이키의 사명선언서는 이렇다.

"세상의 모든 운동선수에게 영감과 혁신을 가져다주는 것To bring inspiration and innovation to every athlete* in the world."
*신체를 소유하고 있다면 모두 운동선수다If you have a body, you are an athlete.

그들의 비전은 '세계 최고의 스포츠 회사가 되는 것'이고, 모든 선수들을 격려하고 쇄신시킬 수 있다면 우리의 꿈비전은 이루어진다. 영감과 혁신을 통해서라는 방법을 미션으로 제시했다.

이제는 비전과 미션 사이의 차이점관계을 밝혀보자. 비전은 결과이고 미션은 원인이다. 인과관계를 내포하고 있다. 비전은 추구pursue하는 것이고 미션은 완수accomplish하는 것이다. 비전은 회사의 장기 목표를 세우는 반면에, 미션은 세운 목표를 향한달성하기 위한 일상 작업을 설명한다.

조직이나 회사뿐만 아
니라 개인도 각자 인생의
비전과 미션을 세울 수 있
다. 비전은 자신의 삶을
인도해준다. 일상생활의

개념정리		
Vision	vs.	Mission
결과(Effect)		원인(Cause)
열망~추구		실천~완수
장기 목표		존재 이유

코스를 그리거나 직업을 선택할 때도 방향을 제시해준다.
사람은 서로 다른 이념과 가치관과 이상을 품고 살고 있기
에 자신만의 진술서를 작성해보면 삶에 보탬이 된다.

단계적으로 먼저 자기 자신을 통찰할 수 있어야만 나의
삶을 관찰할 수 있다. 더 나아가 세상과 자연현상을 성찰함
으로써 혜안을 갖게 된다. 현실적인 자신 나름대로 성찰 과
정이다. 다음은 나 자신을 위한 것과 세상을 위한 것으로
나누어 면밀하게 관찰하면 그림이 명료하게 그려진다. '세
상'이란 가족과 이웃을 대상으로 하는 아기자기한 이야기에
서 사회, 국가, 인류를 위한 대망의 큰 그림까지 포함한다.

참고로 필자의 비전을 소개하면 "단순하게 살다가 고요
하게 죽음을 맞이하는 것live simply, die calmly."이고, 미션은 "지
금 바로 이 순간을 충실히 사는 것To focus on the Here and Now."
이다. 삶은 지금 진행되고 있다. '삶'은 명사가 아닌 동사다.
가능하다면 사람들이 자신을 스스로 개척할 수 있도록 도

와주고 싶다. 자신도 돌보지 못하는 사람이 더 나은 가정, 사회, 국가, 세상을 만드는 큰일에 어찌 공헌할 수 있겠는가?

이번 기회에 자신을 돌아보고 참다운 삶을 계획해보는 것은 어떨까? 자신이 원하는 삶을 솔직하게 그려보자. 언젠가는 모든 사람들이 건강하게 살기를 염원하면서 "사람들의 건강을 돕기 위해" 또는 "주민들에게 수영을 가르치면서 지역사회에 공헌한다."라는 구체적인 비전을 Sport-Leisure 전공자들에게 제시해본다. 나름대로 자신만의 사명감을 갖고 정진한다면 즐겁고 희망찬 삶을 영위할 수 있다.

(2) 사명선언서·조직의 강령Mission Statement

사명선언서란 회사나 조직의 사명·임무·강령을 세상에 공포하는 문서다. 그들의 사업 성격, 초점 또는 중점, 철학적인 사명감 등을 내포하고 있기에 운영 다방면으로 큰 영향을 끼치게 된다. 생존경쟁에서 살아남기 위해, 타 조직과의 차별을 위해 그들만의 독창성을 사명선언서를 통해 강조하기도 한다.

일례로 우리에게 친밀하거나 성공적인 회사나 조직의 사명선언서들을 소개한다.

쓸모 있는 정보, 접근하기 쉬운 정보To make the world's information universally accessible and useful. –구글

폐질환을 예방하고 폐 건강을 촉진한다To prevent lung disease and promote lung health. –미국폐협회

회사의 사훈社訓처럼 간단하지만 심오한 의미를 전달한다. 이해를 돕기 위한 가이드라인도 있다. 거기에 포함된 6개의 핵심적인 질문들이 전부 유효한 것은 아니다. 경우에 따라 적용되지 않는 항목도 있을 수 있다. 질문의 대답을 찾다 보면 선언서의 윤곽이 서서히 드러난다. 다음은 가이드라인의 6개 핵심 질문이다.

① 어떤 종류의 사업을 하고 있는가?

② 회사의 존재 이유?

③ 우리 시설·조직만의 독창성은?

④ 우리의 주 고객은 누구인가?

⑤ 우리의 주 상품과 서비스는?

⑥ 앞으로 절실한 철학적 요인들은 무엇인가?

(3) 선언서 만들기 실제 사례Actual Development of Statements

실제 사례로 '한국 아웃워드 바운드Outward Bound Korea, OBK' 라는 단체를 선택했다. 2012년 2월에 착수하여 그들의 선언 서가 완성되는 과정을 수록하였다.

'아웃워드 바운드Outward Bound'라는 개념은 교육철학자 쿠 르트 한Kurt Hahn에 의해 시작되었다. 야외 체험활동을 바탕 으로 인성 발달과 인간관계를 개선한다는 교육이론이다. 자연 속에서 인간의 자유로운 사고를 통해 전인적 인격체 가 완성된다.

"To serve, To strive, Not to yield."

아웃워드 바운드의 모토이다. "타인과 인류사회를 위해 봉사하며, 자신을 위해 끊임없이 도전하고, 결코 포기하지 않는다."라는 모토가 불굴의 교육정신을 잘 상징하고 있다.

1941년에 영국에 첫 학교가 문을 연 이래 전 세계 33개 국에서 39개의 학교가 운영되고 있다. 아웃워드 바운드 세 계본부Outward Bound International, OBI로부터 2년간의 까다로운 인 증 절차를 거쳐서 2003년에 한국 아웃워드 바운드가 사단 법인으로 공식 출발했다. 그 후 9년 동안 OBI의 선언서를 그대로 차용해왔다. 다음은 아웃워드 바운드의 사명이다.

"To help people discover and develop their potential

to care for themselves, others and the world around them
through challenging experiences in unfamiliar settings."

참석자들이 '생소하고 도전적인 체험을 통해 자신은 물론 타인들과 주변 세상까지도 보살필 수 있는 잠재 능력을 개발하도록 도와주는 것'이 사명이다.

OBK만의 선언서를 시작하기 전에 먼저 OBK 비전을 정했다.

"To be the leader in developing human potential in Korea."

인간 잠재력 개발 분야에서 선두주자가 되는 것, 즉 한국에서는 최고가 되겠다는 각오이자 성공적으로 사업계획서가 실천됐을 때의 상황을 미리 묘사한 것이다.

앞서 소개한 가이드라인을 따라서 OBK의 사명선언서를 작성하기 전에 가이드라인의 6개 핵심 질문에 대한 답을 요약해보았다.

① 어떤 종류의 사업을 하고 있는가?

　　└ 피플 비즈니스People Business

② 회사의 존재 이유?

　　└ 쿠르트 한의 교육원리

③ 우리 시설·조직만의 독창성은?

∟, 아웃워드 바운드

④ 우리의 주 고객은 누구인가?

∟, 청소년

⑤우리의 주 상품과 서비스는?

∟, 프로그램

⑥ 앞으로 절실한 철학적 요인들은 무엇인가?

∟, 잠재력

세계적인 야외활동 단체인 아웃워드 바운드의 가장 특이한 점은 쿠르트 한에 의해 설립되었다는 사실이다. 그의 교육원리를 명시하지 않고서는 아웃워드 바운드의 조직이나 프로그램들을 설명할 수 없다. 그의 철학과 교육원리를 실천으로 옮기는 것이 아웃워드 바운드가 하는 일이고, 오로지 존재하는 이유이다. OBK는 역사도 짧을뿐더러 조직의 규모도 작고 별로 내세울 것이 없다. 그래서 우리만의 독창적인 방법—WHAT, HOW, WHY—으로 접근하기로 했다.

- WHAT: 쿠르트 한의 교육이념을 명시하고 실천하는 것.
- HOW: 프로그램이라는 한 단어로 방법론 소개.

■ WHY: 더 나은 세상이라는 큰 그림을 그리면서 마무리.

첫째, 가장 핵심인 WHAT을 다루어보자. 쿠르트 한의 교육철학을 실천하기 위해서 "To put Kurt Hahn's educational principles into practice."라는 문장으로 시작된다. 문외한이 읽어도 OBK의 사명을 파악할 수 있다.

둘째, 방법론How을 제시할 차례다. 통상적으로 'Through'라는 단어로 방법론이 제시되곤 한다(제2장 경영의 정의 참고). "To put Kurt Hahn's educational principles into practice through."로 명시된다. 방법론을 소개하는 전치사 'Through'가 첨가됐다. 바로 뒤에 방법론이 제시된다는 신호다. OBI의 예문에서 보면 "through challenging experiences." 즉, 도전적인 체험을 통해서란다.

셋째, OBK의 주 상품focus은 프로그램이다. 포괄적으로 '프로그램'이란 단어로 조직의 모든 행사를 대변한다. 참석자들은 프로그램별로 등록한다. 두 단어THROUGH PROGRAMS로써 간단명료하게 방법론이 제시됐다. 즉, 프로그램을 통해서 그의 철학과 원리를 실천해보겠다는 의지다. "To put Kurt Hahn's educational principles into practice through programs."

레저 기관과 조직의 존재이유는 프로그램이다. 프로그램

을 계획하고 운영한다. 물론 대상은 항상 사람이다. 고객, 참가자, 학생들을 감동시킬 수 있는 프로그램을 의미한다. 프로그램을 통해서 감동시킨다는 뜻이다. "무엇을 위한 감동이고 동기유발인가?"라는 질문에, "사람특히 젊은 사람들의 잠재력을 최대한 발휘할 수 있도록 하는 프로그램"이라고 설명한다.

처음에는 "Valued-centered programs"로 출발했었으나 'Program'을 수식하는 'valued-centered'라는 문구는 빠졌다. 'programs'보다 'valued-centered'라는 형용사가 더 눈에 띄기 때문이다. 'programs' 자체를 부각시키기 위해서 미련 없이 삭제되었다.

넷째, OBK의 주 고객은 청소년이다. OBK는 청소년을 위한 단체로 정부기관에 등록되어 있다. 'People' 앞에 'Young'을 추가함으로써 우리의 초점이 더욱 선명해졌다. 대중시설과 청소년 전문기관의 차이라고나 할까? 신중히 삽입한 단어 하나가 조직을 새롭게 둔갑시켰다. '청소년 자신의 잠재력을 발견하고 최대한 발휘할 수 있게 하는 원동력을 맛보게 하는 프로그램'이라고 프로그램의 목적도 세밀히 설명했다. "To put Kurt Hahn's educational principles into practice through programs that inspire young people to fulfill their potential." 청소년들의 잠재력Potential을 발휘Fulfill할 수 있도록 감동Inspire시키는 것이 OBK의 사명이다.

처음에 생각했던 'Help'는 'Inspire'로 대치했다. 타 국가의 사명 문구에 'help'라는 단어를 자주 사용했기에 우리도 초안에서는 그 단어를 인용했었다. 그런데 아무리 생각해봐도 'help도와주다'로는 박진감이 느껴지지 않았다. 'Motivate동기유발'의 가능성도 심각하게 논의했었다. 자존감을 다루는 감성적인 면에서는 'Motivate'보다 'Inspire'라는 단어가 더 함축적이라고 생각되어 결국 'Inspire'로 결정했다.

단어 'Fulfill'도 경쟁자가 많았다. '잠재력Potential'을 기른다는 말로 세 단어Realize, Achieve, Develop가 경합했었다. 'Develop'는 발달 과정을 표현하는 것 같아서 제외했고, 'Achieve'의 '이룬다'라는 뜻은 잠재력과는 맞아떨어지질 않았다. 마지막까지 'Realize'를 심사숙고했다. '잠재력을 달성하다'가 '잠재력을 충만하게 성취하다'에는 못 미치는 것 같았다. 억지로 쓰자면 'realize their full potential'이라고 할 수 있지만, 'full'이라는 또 하나의 단어가 첨가되어야 하기에 문장이 길어진다. 대신에 'Fulfill'을 사용한다면 '자신의 역량잠재력을 완전히 발휘하다'가 된다. 자아실현의 긴 여정이다. 초월 능력이 완성되면 동시에 타인을 도울 수 있는 여유가 생긴다.

우리 사회에 절실히 필요한 일꾼들이 탄생하는 것이다.

다섯째, 최종 리뷰 단계에서 'For a better world'라는 문구가 첨가됐다. 이 문구에는 우리 프로그램으로 인해서 참석자들의 인생이 잘 풀렸으면 하는 희망 외에도 초월적인 세상가정, 사회, 국가, 지구, 환경도 좋아졌으면 좋겠다는 OBK의 염원이 담겨 있다. 초월적이란 개인적 차원을 뛰어넘는 고차원을 뜻한다. 나만을 위하는 것이 아니라 타인과 인간 집단을 배려하고 주위 환경이나 자연을 보호하자는 것이 주안점이다. 더 넓고 좋은 세상이 오게 된다는 행복한 이야기로 큰 그림이 완성됐다.

캠페인 "Leave No Trace"는 '다녀간 자국흔적'을 남기지 말자는 국제적인 환경보호 슬로건이다. 방문사용한 장소는 깨끗이 청소하고 떠나야 한다는 의미로 OBI에서도 강조하고 있다. OBK는 한 발짝 더 나아가서 '발견했을 때보다 좀 더 좋은 상태로 보존해놓고 떠나자'라는 뜻의 "Leave A Better Trace"로 바꾸어 사용하고 있다. OBK 선언서에 'A Better World'가 삽입된 것은 아주 자연스러운 결과다.

이렇게 심사숙고 끝에 완성된 OBK의 사명선언서는 다음과 같다.

"To put Kurt Hahn's educational principles into practice through programs that inspire young people to fulfill their potential for a better world."
_청소년을 감동시켜 자신의 잠재력을 최대한 발휘할 수 있게 짜인 프로그램들을 통해서 쿠르트 한의 이념을 실천으로 옮기는 것이 우리의 사명이다. 좀 더 살기 좋은 세상을 만들기 위하여……

청소년들이 쿠르트 한의 '잠재력 개발 프로그램'을 체험하고 터득한 지혜로 좀 더 나은 세상에 이바지하는 것이 OBK의 사명감이다. 예전에 사용했던 OBI 것과는 좀 더 구체적이며 한국적이다. 우리만의 것이 되었다.

한 가지 사례로 OBK의 사명선언서 작성 단계를 모두 서술하였다. 이렇게 사업계획서는 간결simple하게, 명백clear하게, 반드시 서면written으로 작성해야 한다.

06

개요

Summary

Sport-Leisure 시설의 경영 전략이란 사원과 경영인Staff/Manager이 힘을 합쳐 잘 설계·유지된 시설Facility과 잘 짜인 프로그램Demand-Driven Program을 가능한 한 적은 비용Cost-Effective으로 회원과 고객Member/Customer들에게 제공Delivery하는 것이다. 더욱이 경영 원리에 맞추어 계획Planning, 조직Organizing, 지도Directing, 평가Evaluating를 한다면 재정적으로는 물론 시간, 시설, 인력 면에서 큰 효과를 거둘 수 있다. 여기에 질이 좋은 고객 서비스Quality Customer Service를 곁들인다면 더욱 성공적일 것이다. 좋은 서비스가 고객을 만족시키고 만족한 고객은 충성도가 높아져서 단골손님이 된다. 그러면 회사의 이미지와 브랜드 가치는 자연스럽게 향상된다.

제3장

MARK
STRA

마케팅의
전략

세계 10위권의 경제 수준에 도달한 우리나라의 레저산업은
전례 없는 성황을 이루고 있다. 더욱이 대중적인 캐주얼 의류에 아웃도어나
스포츠의 기능성 소재와 전문적인 디자인들이 적용되는
특별한 시장 형성에 따른 효과는 어마어마하다.
잠재력을 봐도 2001년에는 11조 7,000억 규모가
2015년에 58조 5,000억 시장으로 껑충 뛴 것을 보면 알 수 있다.
레저산업이 성장하면서 레저인구도 자연스럽게 증가한다.
따라서 가장 먼저 해야 할 일은 레저인구를 고객으로 확보하는 일이다.
고객을 집중적으로 유치하고 확보하기 위해서는 마케팅을 잘해야 한다.
효과적인 마케팅을 하기 위해서는 먼저 고객을 잘 파악해야 한다.
고객들이 무엇What을 원하는지, 언제When 원하는지, 어디Where에서 원하는지,
어떻게How 구매하기 바라는지, 얼마How Much를
지불할 용의가 있는지를 알아내는 것이다.

01
마케팅의 정의

Definition of Marketing

마케팅이란 무엇인가? 미국경영협회의 정의에 따르면 개인이나 조직체의 목적을 만족시켜주는 교환을 창조하기 위해서 개념, 가격, 홍보나 아이디어, 상품과 서비스의 배부를 계획하고 실천하는 모든 과정을 마케팅이라고 한다. 제조 계획에서부터 최종 판매에 이르는 제작, 선전, 선적, 보관, 판매 따위의 활동 전체를 말한다.

제롬 매카시Jerome McCarthy가 제시한 정의도 비슷하다(1975). 고객이나 조직의 목적을 만족시키려고 상품과 서비스가 생산자로부터 소비자에게로 흘러가도록 하는 행동을 마케팅이라고 한다.

필립 코틀러Philip Kotler는 좀 더 간단하게 필요Needs, 요구Demands, 욕구Wants를 만족시키는 교환 과정이라 하였다(1976).

이렇게 마케팅의 정의는 우리가 보통 생각하는 것보다 광범
위하다.

　요약하면 마케팅은 Sport-Leisure 기관이나 조직체가 그들
의 상품, 프로그램, 서비스를 고객이나 사용자들에게 전달
하기 위해 추진하는 모든 노력을 총괄하는 것이라고 할 수
있다. 다시 말해 회사가 고객·소비자와 소통하려는 방법이
며 수단이다.

개념정리
Marketing: 필요한 상품을 고객에게
전달하려는 모든 노력

02

목표 시장

Target Market

Sport-Leisure의 시장은 무엇인지, 더욱이 우리가 목표하고 있는 고객들은 누구인지, 우리는 그들에게 무엇을 팔려고 하는지를 명확히 파악해야 효과적인 마케팅을 할 수 있다.

1) 고객Who are we serving?

Sport-Leisure 기관은 누구에게 봉사를 하려는 것인지에 대한 답을 정해야 한다. 그 기관의 사명이나 목적을 검토해보면 쉽게 이해할 수 있고, 또한 현재 그 기관의 프로그램과 서비스를 이용하는 참가자들을 살펴보면 고객이 누구인지 쉽게 알 수 있다. 쉬운 예를 들면 지역적Geographic으로 기관 근처에 사는 주민이나 근처에 직장이 있는 사람들을 목표로 할 수 있다. 직장체육이라고 하면 그 직장에 근무하는 사원들을 대상으로 하는 것이다.

그다음에는 '어떤 부류Socio Demographic'의 사람들을 대상으로 할지 정해야 한다. 그들의 연령, 성별, 직업, 결혼 여부, 자녀의 수, 수입, 교육 수준, 거주지, 집 소유 등의 사회적인 자료가 필요하다. 주로 성인 남자를 위한 프로그램을 갖고 있다든지, 아니면 노인층을 위한 프로그램과 서비스를 제공하는 기관인지를 명확히 할수록 좋다. 청소년을 대상으로 하는 프로그램은 청소년들의 기호도 중요하지만 부모의 의견도 무시할 수 없다. 이러한 경우에는 청소년과 부모 모두를 수렴한다고 해도 과언이 아니다. 더욱이 가족 프로그램은 더 복합성을 띠게 된다. 모든 연령을 상대하기 때문이다.

마지막으로 행동적Behavioral 관점, 기호, 만족감 등을 잘 연구·분석함으로써 더 적절한 프로그램과 서비스를 제공할 수 있다. 조금 구분이 힘들지만 인생관이나 생활방식에 대한 심리적인 자료도 필요하다. 사람들은 태도, 습관, 신념에 따라 행동하기 때문에 많은 시장 연구가들이 이에 중점을 두고 있다. 이런 자료를 토대로 이와 비슷한 생활방식

을 갖고 있는 고객들을 겨냥
하여 좀 더 성공적인 프로그
램을 만들 수 있고 더 많은
고객을 불러들일 수 있다.

개념정리
고객정의의 세 가지 면:
1. Geographic
2. Socio Demographic
3. Behavioral

2) 상품What are we really selling?

겨냥하는 고객에게 무엇을 팔고자 하는가? 상품이란 고
객의 필요를 충족시키기 위해서 제공되는 모든 판매 품목
이다. Sport-Leisure 기관마다 다소 차이가 있겠지만 주로 세
가지 상품을 다룬다. 그것은 시설, 프로그램, 서비스이다.
사회체육 센터는 회원들에게 시설을 제공한다. 수영장을
개방해서 겨냥한 연령층의 사람들이 자유로이 수영을 즐길
수 있게 한다. 프로그램 상품으로는 수영을 못하는 사람들
에게 수영을 가르치는 수업시간을 들 수 있다.

서비스 상품으로는 안내전화 받기, 셔틀버스 운영, 목욕
후에 수건 무료로 배부하기 등의 많은 상품을 다루고 있다.
서비스는 사용자에게 제공하여 판매되는 용역이나 혜택을
말한다. 상품 혜택Product Benefits은 사용자의 필요를 충족시키
는 상품이 갖는 또 다른 면이다. 이것 때문에 고객들이 상

품을 사는 것이다.

좀 더 구체적으로 생각해보자. 수영을 배웠을 때 갖는 자신감 또는 성취감처럼 부수적으로 얻어지는 심리적, 정서적 효과를 간과하면 안 된다. 물에서 놀 때의 재미Fun와 사우나 후에 느끼는 상쾌함도 상품화해야 된다. 프로그램을 이수했을 때 받는 혜택이나 결과를 고객에게 상기시켜야 마케팅의 효과가 더욱 빛난다. 체중 조절 프로그램을 선전하고자 날씬한 몸매의 아름다움과 성적 매력을 상품으로 마케팅하는 곳도 있다.

새로운 상품을 개발하기 위해서 어떤 기업에서는 '아이디어 별동대'라는 팀을 구성해서 파격적인 지원을 하고 있다고 한다. 그들의 사명은 다음과 같다. 첫째, 깜짝 놀랄 만한 상품을 개발하라. 둘째, 임직원들이 눈만 뜨면 회사에 나가고 싶게 만들어라. 셋째, 우리 회사가 아니면 계약하지 않겠다고 하게끔 고객을 사로잡아라.

개념정리
Sport-Leisure의 상품:
1. 프로그램
2. 시설
3. 서비스

3) 마케팅 이미지Marketing Image

첫인상이 중요하다는 것은 누구나 다 알고 있다. 이미지
란 어느 단체에 대한 대중의 아이디어, 선입관, 태도, 신념,
감정을 총괄하여 이루어지는 것이다. 첫인상이 잘못되면 그
것을 바꾸기 위해서 굉장히 많은 노력이 필요하다.

이미지는 고객들의 마음에서 정해지는 것이다. 그러므로
고객들에 대한 철저한 연구·조사를 통하여 얻은 정보위에 기
술한 Geographic, Socio Demographic, Behavioral를 바탕으로 마케팅을 해
야 고객의 취향에 맞는 만족스런 이미지를 그들의 마음속
에 심을 수 있다.

좋은 인상을 주려면 먼저 어떤 인상으로 알려지고 싶은
지 결정하고, 그다음에 그것을 성취하기 위한 계획을 세워
야 한다. 간혹 고객이 생각하는 이미지가 우리 자신이 생각
하고 있는 것과 매우 다를 수 있다. 그럴 경우에는 그 기관
의 사원들이 자기 기관이나 조직체에 대해 어떻게 생각하
고 있는지 알아보면 문제의 실마리를 잡을 수 있다.

항상 고객들이 우리를 어떻게 생각하고 있는지 신경을
쓰고 있어야 한다. 자기의 이미지를 잘 알고 있으면서 필요
에 따라 조정할 수 있다면 훨씬 유리한 입장에 서게 된다.

상기한 내용을 이해해야만 목표한 고객들의 기호에 맞는 프로그램이나 상품을 만들 수 있으며, 그것에 대한 메시지를 정확하게 보낼 수 있게 된다. 그럼으로써 좋은 이미지를 심을 수 있다. 간단히 말해 이러한 것들을 마케팅 이미지라고 한다.

최근 세계적으로 치열한 브랜드 인지도Image 경쟁을 하고 있는 것을 보면 쉽게 이해할 수 있다. 상품의 브랜드 이름은 고객 마음속에 특별한 장면을 상상Imagine하게 하거나 특수한 감정Feeling을 불러일으키기 때문이다. 높은 인지도와 고객의 충성심은 밀접한 관계가 있다고 한다. 그 때문에 큰 기업에서는 거액의 마케팅 예산을 브랜드 이미지 향상에 쓰고 있다. 세계에서 가장 비싼 브랜드 이름은 코카콜라(64억 달러이며, 마이크로소프트61억 달러, IBM53억 달러이 뒤를 잇고 있다. 자동차 회사로는 메르세데스, BMW 등 우리에게 친숙한 브랜드가 가치를 인정받고 있다. 삼성, 현대, LG도 미국에서 브랜드 인지도를 높이기에 주력하고 있다. TV나 옥외 광고를 자주 대할 때마다 우리나라 회사들의 경쟁력 향상과 글로벌 시대를 실감하게 된다.

우리나라의 명품 바람은 옷, 핸드백, 자동차, 아파트에 이르기까지 그 영역이 점점 커지고 있다. 브랜드에 예민한

198

사람들을 집중 공략하여 브랜드의 충성 팬으로 만들려고 하는 것이다. 상류사회에 속하고 싶은 욕망에서, 자신만의 고유한 특징Symbol, Trademark을 살리기 위해서, 또는 단순히 품질이 좋아서 특정 브랜드를 선호하는 고객들도 있다. 한국생산성본부의 '2005 브랜드 경쟁력' 보고서에 따르면 롯데백화점, SK주유소, SK텔레콤, 아웃백스테이크하우스가 각 분야에서 1위를 차지했다.

브랜드 알리기에는 스포츠가 최고라고 알려져 있다. 적은 비용으로 많은 소비자들을 포착하고 단시간에 브랜드 노출 빈도를 높일 수 있기 때문이다. 더욱이 올림픽이나 월드컵을 통한 기업 인지도 경쟁은 매우 치열하다. 삼성은 올림픽 게임 운영에 무선 커뮤니케이션 장비를 제공하고 임원과 선수들에게는 핸드폰을 제공하는 스폰서로서 삼성의 인지도를 높이고 있다. 특히 '콜 홈Call Home 프로그램'은 선수가 시합 후 곧 가족들에게 연락할 수 있게 하는 새로운 프로그램이라고 한다(Srorlar, 2001).

03

네 가지 요소

Four Factors: 4P's

마케팅 전략을 세우려면 먼저 근본 요소들을 잘 이해해야 한다. 마케팅의 성공에 영향을 미치는 요인은 다음의 네 가지가 있다. 상품Product, 홍보Promotion, 가격Price, 장소Place가 그것이다. 이 요인들은 각각 독특하지만 서로 밀접한 관계에 있으며 상품 자체와 서비스의 성격에 따라 또는 지향하고 있는 시장에 따라 변할 수도 있다.

1) 상품Product

상품이란 시장이 필요Needs로 하거나 요구Wants하는 것을 만족시키기 위해 제공되는 모든 요소-눈에 띄거나 안 띄거나-를 말한다. 좀 더 구체적인 상품의 정의를 위해서는 속성, 효과, 지원 체계의 세 가지 요소를 고려해야 한다. 속성 Attributes은 상품 자체에 관한 것으로서 재료, 질, 스타일, 색상, 포장, 생산과정 등을 말한다. 이 속성은 눈에 보이며, 추상적이 아닌 측정할 수 있는 상품의 본질에 관한 것들이다. 상품 효과란 고객의 입장에서 상품이 자기 필요취미에 맞거나 오래 쓸 수 있는를 충족시키는지의 여부에 의해 결정되는 주관적 판단이다. 세 번째 요소인 마케팅 지원 체계는 핵심 상품 외에 제공되는 서비스 일체를 말하는 것으로 판매력, 광고, 보증, 배달 조건, 애프터서비스 지원, 명성 등이 이에 속한다.

개념정리
상품의 세 가지 요소:
1. 속성
2. 효과
3. 지원 체계

질이 좋은 상품은 질이 나쁜 상품보다 팔기가 쉽다. 가치가 있는 상품도 팔기 쉽다. 누구나 이해할 수 있는 말이다. 무엇보다 상품이 좋아야 한다. Sport-Leisure의 상품으로는 프로그램, 시설, 서비스 등이 있다. 수영강습이나 에어로빅 교실도 우리의 상품인 것이다. 체육시설의 경우라면 깨끗하게 유지해야 많은 회원들이 지속적으로 사용할 것이다. 시설은 눈에 쉽게 띈다. 시설의 위치와 주차 사정이 좋다면

이 편리함도 상품이 되는 것이다. 주부를 위한 탁아소 운영 역시 상품으로 부족하지 않는 서비스다. 또 시설을 사용함으로써 회원들이 받는 혜택도 상품에 포함시켜야 한다. 어느 골프장이나 헬스클럽의 회원권을 소유하고 있다는 '자기과시'나 수영을 하고 나서 기분이 상쾌해졌다면 이 '상쾌한 기분'까지도 포함되는 것이다.

골퍼들이 골프를 하는 이유또는 기대하는 혜택를 조사한 논문에 따르면 스트레스 해소, 사회적인 접촉, 사업 거래 성사, 운동 순으로 나타났다. 운동 목적으로 골프를 치는 사람들보다 다른 목적 때문에 하는 사람이 더 많다는 것을 알 수 있다. 즉, 골프의 진정한 상품 가치는 골프를 치는 행위 자체보다 그 부수적인 혜택이나 결과인 것이다.

2) 홍보Promotion

홍보란 겨냥하고 있는 시장 고객에게 메시지를 전달하는 모든 수단을 말한다. 간단히 말해서 '홍보=커뮤니케이션'이다. 주로 고객이 될 가능성이 있는 사람들을 겨냥하며, 주목적은 상품 정보를 전하는 것이다. 고객에게 좋은 이미지를 심어주는 것이 중요하다. 어떤 프로그램들이 제공되며 어떤 서비스를 받을 수 있는지 설명한다. 홍보에는 여러 가지 차원이 있다. 단순히 정보를 제공하는 것, 좀 더 자세히 설명을 하는 것, 메시지를 받는 사람들을 이해시키는 것, 그들의 행동 변화를 노리는 꾸준한 노력 등 다양하다.

> 개념정리
> 네 가지의 홍보:
> 1. 정보 제공
> 2. 혜택 설명
> 3. 이해 증진
> 4. 행동 변화 추구

다시 말해 Sport-Leisure 분야에서는 여가선용, 스포츠에 대한 단순한 정보 제공, 나아가 운동을 해야 하는 이유, 규칙적인 운동이 가져다주는 혜택 등 좀 더 자세하게 설명함으로써 고객들을 이해시키고, 궁극적으로는 고객들의 행동을 변화시켜서 활동적인 생활태도를 갖게 함으로써 건강한 사람이 되도록 하는 것이다. 행동의 변화를 추구하려면 다음의 4가지가 필요하다. 첫째, 주위를 환기시킨다. 둘째, 흥미를 지속시킨다. 셋째, 욕구를 유발시킨다. 넷째, 행동으로 실천하게 하는 치밀한 작전을 세워야 한다. 영어로는 네 가지 단어의 첫 자를 따서 'AIDA 원리'라고 한다.

> 개념정리
> AIDA 원리란?
> A: Attention
> I : Interest
> D: Desire
> A: Action

이처럼 홍보는 고객에게 Sport-Leisure 상품이나 프로그램 정보를 전달하는 과정이다. 반면에 광고Advertising는 홍보의 한 형태로서 말 그대로 사람들에게 제품과 기업의 정보를 널리 알리는 일이다. 다양한 시각 매체가 발달한 현대사회에서 광고 역시 그림, 사진, 영상 등의 시각적 요소가 중심이 되고 있다. 하지만 정확한 메시지를 통해 소비자의 판단을 돕는 것은 여전히 광고의 언어다. 광고는 정보를 효과적으로 전달하기 위해 언어와 시각의 두 가지 방법을 사용한다. 대중매체오디오, 비주얼, 또는 둘 다를 통해서 전달하는 메시지가 그것이다. 세계를 강타한 금융 위기 속에 코카콜라는 "행복하세요Open Happiness"라는 글로벌 마케팅 슬로건을 내놓았다. 걱정과 근심을 멈추고 일상의 소소한 즐거움을 즐기며 행복을 열어가자는 메시지다. 전 세계의 매장 디스플레이, 프로모션, 디지털 및 음원을 포함한 다양한 마케팅 활동으로 통일된 메시지를 전달한다.

효과적인 광고를 위해서는 많은 연구가 필요하다. 어떤 매체를 이용할 것인가? 몇 가지 매체를 동시에 사용할 것인가? 신문, 잡지, TV, 라디오, 책자, 뉴스레터, 광고지, 브로셔, 우편물, 게시판, 사인, 포스터, 옥외 광고 등의 많은 매체들이 있으며, 개인적인 접촉Personal Selling & Referrals 또한 필수적인 방법 중 하나이다. 컴퓨터 통신망, 컴퓨터 소프트웨어 등 새로운 멀티미디어를 이용하는 새로운 형태의 디지털 광고도 등장했다.

이러한 여러 가지 방법 중 가장 경제적이고 효과적인 방법은 입을 통해서 전달되는 말Word-of-Mouth이다. 친구나 이웃 간의 일상적인 이야기나 안부 전화 통화 중에 자연스럽게 전달되는 메시지의 효과는 절대적이다. '입소문 마케팅'으로 짭짤한 효과를 본, "렉서스Lexus는 철저하게 고객의 입장에서 만든 고급차다."라는 말문구이 있다. 렉서스를 구입한 고객의 입을 통해 새로운 고객을 확보하려는 전략이다. 한국은 구전口傳 효과가 큰 시장이다.

상품을 잘 선보이는 것도 성공적인 마케팅의 중요한 요인이다. 이것 역시 광고의 한 역할이며, 광고를 할 때는 사실성과 신뢰성을 필수적으로 포함하여야 한다. 상품을 좋게 선보이기 위해서는 팸플릿이나 효율적인 이미지 전달을 위한 다양한 광고를 사용할 수 있다.

또 무료 서비스나 상품, 무료 연설이나 출연, 육상경기나 에어로빅 대회를 후원하는 것 같은 평범한 행사도 궁극적인 목적은 역시 상품 판매의 극대화에 있다. 무슨 방법이든 간에 홍보에서 잊어서는 안 될 것은 약속한 것은 반드시 실행해야 한다는 것이다. 광고는 그럴듯하게 하고 실행을 못한다면 사람들이 속았다는 기분을 느끼게 된다. 그러므로 어떤 매체를 사용할 것인지도 중요하지만, 그 매체를 통해서 어떠한 메시지를 보낼 것인지 구체적인 내용도 중요하다.

2009년 미국에서 열린 '삼성 500 나스카NASCAR' 자동차 대회에 기발한 스포츠 마케팅이 소개되었다. 23만 명이나 되는 관객들이 몰리는 입장 시간에는 한참 기다려야 한다는 점에 착안해 새로운 홍보 전략을 세웠다. 즉, 출입구 한쪽에 '삼성 패스트라인'이라는 별도의 통로를 마련한 뒤 삼성 휴대전화를 제시하는 관람객들은 기다리게 하지 않고 곧바로 들여보낸 것이다.

그러나 각 기관에서 매일 실시하고 있는 고급 서비스와 좋은 프로그램처럼 선전 효과를 쉽게 얻을 수 있는 것은 없다. 운영을 잘하면 자연히 소문이 나고 또 선전도 되는 것이다. 이를 한 문장으로 표현하면 "The most important element of your marketing strategy is your operation itself!" 즉, 마케팅 작전에서 가장 중요한 요소는 조직체의 운영 그 자체를 말한다.

206

3) 가격Price

가격이란 조정할 수도 있고 융통성도 있는 것이다. 가격을 측정하기 위해서는 먼저 교환할 물건이나 서비스를 결정하고 그것의 가치를 판단한다.

관련 부처의 모든 사람들이 원가, 전달 방법, 이윤 등을 계산하고 경쟁자의 가격과 비교하고 난 후 결정하는 것이다. 즉, 값을 정하는 데 필요한 요인은 첫 번째가 상품의 질이요, 두 번째는 수지 계산이다. 가치가 있으면 비싸게, 가치가 없으면 싸게 가격을 정하는 것이 원리다.

> **개념정리**
> **상품 가격의 요인:**
> 1. 상품의 질(가치)
> 2. 수지 계산

경쟁자의 유무도 문제가 되지만, 우선은 값어치가 있어야 한다Value-for-Value Relationship. 회비나 요금은 공평해야 하고, 실질적이어야 하며, 모든 사람들에게 균등하게 정해져야 한다.

무슨 장사를 하든 손해를 보는 것은 곤란하다. 아무리 사회에 봉사하는 사회체육 시설이라도 수지 계산은 명확히 할 필요가 있다. 물론 어떤 프로그램은 봉사 차원으로서

적자가 나도 계속 운영해야 할 때가 있지만, 일반적인 마케팅의 가격 책정 원리로는 통용되지 않는다.

이런 측면에서 보면 현재 실시하고 있는 회비, 입장료, 등록비를 다시 한 번 검토해볼 필요가 있다. 역사적인 배경이라든지 경쟁자들과의 가격 비교, 최근의 추세나 경향들을 고려하고 면밀히 분석해야 한다. 너무 비싸서 우리가 겨냥하고 있는 사람들이 이용하지 못한다면 그 사회체육 시설의 가격 정책은 문제가 있는 것이다.

4) 장소Place

장소에는 두 가지의 뜻이 포함되어 있다. 첫째, 어디에 Sport-Leisure 시설이 위치하고 있느냐의 측면이다. 장소는 고객의 신뢰도 성립에 절대적이다. 편리한 장소에 있으면 많은 사람들이 쉽게 찾아올 수 있기에 참석률이 증가한다. 반면 변두리에 떨어져 있다면 차가 없는 사람들은 소외된다. 또 대중교통수단과 연결이 어려워도 많은 사람이 참여하기 힘들다.

둘째, 사회체육 시설 내에서의 장소를 말한다. 체육관, 수영장, 볼링장, 에어로빅 교실, 탈의장, 대기실 등 회원이나 참가자들이 이용하는 모든 시설을 포함한다. 프로그램이 아무리 좋아도 시설이 나쁘면 참여율이 저조해지기 마련이다.

근래에 와서는 무엇보다도 주차 시설이 고객 유치에 중요한 요소가 되고 있다. 또 탈의장이 비좁거나 샤워 시설의 미비도 문제가 된다. 최근의 체육 시설 구성의 지론은 회원들을 위한 편리한 주차 시설과 탈의 시설이 구비되어 있으면 고객들이 알아서 운동을 하러 온다는 것이다.

요점은 국제 규모의 수영장 크기만 광고할 것이 아니라 얼마나 편리한 위치에 있는지, 얼마나 넓은 주차 시설과 아늑한 탈의장 시설을 갖추었는지도 선전해야만 더욱 효과적인 마케팅이 된다는 것이다. 또한 시설이 최근에 지은 것이라든지, 깨끗하고 멋이 있다든지, 제대로 관리·유지되고 있다든지, 분위기가 아늑하다든지 등을 특징으로 광고한다면 효과를 볼 수 있다.

이상의 네 가지 요인들을 조정하고, 강조하고, 혼합함으로써 특정 기관에 알맞은 마케팅 공식을 만들어낼 수 있다.

효과적인 마케팅 노력은 몇 가지 큰 것을 잘하는 것도

개념정리

마케팅의 4P's:
1. Product
2. Promotion
3. Price
4. Place

중요하지만 여러 가지의 작은 것들을 잘하는 것이 매우 중요하다. 마케팅은 그만큼 복잡한 과정이다.

04

마케팅에 관한 적응

Marketing Orientation

Sport-Leisure 단체의 성공적인 운영을 위해서는 마케팅에 얼마나 주력하는지, 마케팅에 대한 얼마나 많은 기초지식을 가지고 있는지가 중요하다. 앞서 기술한 전반적 지식 외에도 각 기관에 특별히 요구되는 면에 유의해야 한다. 즉, 골프장을 운영하는 기관에서는 다음과 같은 연구 발표에 민감하게 대비해야 고객들에게 좋은 서비스를 제공할 수 있다. 미국프로골프협회의 조사에 따르면 골프 고객의 확보에 영향력을 끼치는 주요인들은 첫째로 편리한 정문과 주차장의 정비, 둘째로 카운터 근무자들의 태도, 셋째로 프로 샵과 화장실의 청결로 나타났다.

1) 둔감한 조직체|Unresponsive Organization

기관을 이용하는 고객이나 회원들의 필요나 요구 사항을
조사하지 않는 것은 물론 이따금 반영되는 그들의 의견조
차도 고려하지 않는 조직체를 말한다. 마케팅에는 매우 무
감각한 상태에 있는 조직체이다. 보고서에 따르면 대부분의
Sport-Leisure 기관들이 '둔감한 조직체'에 속한다.

2) 나태한 조직체Casually Responsive Organization

가끔씩 제시되는 의견이나 회원들이 간혹 요구하는 사항
을 참고하는 기관을 말한다. 참고를 한다고 반드시 실천으
로 옮기는 것도 아니다. 마케팅에는 매우 수동적이며 무책
임하고 나태한 기관이다.

3) 민감한 조직체Highly Responsive Organization

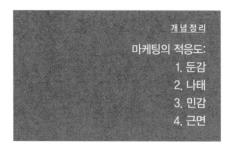

개념정리
마케팅의 적응도:
1. 둔감
2. 나태
3. 민감
4. 근면

이런 기관에서는 정식
으로 회원들의 의견을 수
렴을 하고, 의견들이 계속
흘러 들어오게 하며, 이에
따라 프로그램·정책·상품

을 만들어낸다. 그러나 고객은 항상 고객의 입장에 있도
록 한다.

4) 근면한 조직체Fully Responsive Organization

회원과 고객을 파트너로 받아들이는 기관을 말한다. 이
런 분위기에서는 다양한 의사소통이 자유스럽게 이루어질
수 있기 때문에 회원들의 요구, 필요에 맞는 프로그램이 적
시적소에 제공될 수 있으며 운영 면에서도 효율적·효과적
일 수 있다.

기관이나 조직 단체에서 좀 더 좋은 서비스를 제공하려
고 하거나, 새로운 서비스를 시행하거나, 운영을 개선하려
는 노력을 계속하면 그 지역이나 이용자들이 고맙게 생각
하게 되고, 결과적으로 그 기관의 운영은 성공적이 될 것
이다.

경영의 추세는 권위 위주의 경영에서 고객 위주의 경영
으로 옮겨가고 있다. 결정권이 사장진으로부터 점점 밑으로
분산되고 사원들이 핵심 멤버로서 참여하는 것이 눈에 띈
다. 경영자는 지도자로 변신하고 있다. 이로써 마케팅에 있
어 어떤 종류의 조직체가 되어야 하는지 명백해진다.

05

조직적 마케팅

Systematic Marketing

마케팅의 계획은 과거, 현재의 실적과 미래에 닥쳐올 경향 등을 시험해보는 계획 과정과 조사·연구 결과에 달려 있다. 다시 말해 지금 무슨 사업을 하고 있는지, 시장이 점점 커가고 있는지 아니면 작아지고 있는지, 계획한 목적들이 가능성 있는 것인지에 대한 대답을 찾아보는 과정이다.

Sport-Leisure 마케팅의 중점은 겨냥하는 시장을 치밀하게 조사하여 이들이 누구인가를 알아낸 후, 이에 적절한 시장 요인들을 혼합하여 고객들의 호감을 얻도록 홍보·선전하는 것이다. 고객의 기호를 알기 위해서는 인구 동태와 여가생활 스타일의 분석·조사가 필요하듯이, 단계적이고 조직적인 마케팅이 필요하다. 그러기 위해서는 창조력을 발휘해야 한다.

1) 전략적 사고Strategic Thinking

요즘처럼 빠르게 변하는 환경 속에서 회사의 앞날을 예측한다는 것은 몹시 어렵다. 속도뿐만 아니라 방향도 감지할 수 없는 급박한 상황에서 회사의 가치·경쟁적 우위를 알아내는 것은 불가능하다. 전략적 사고가 절실히 필요하다. 고객의 필요와 요구에 맞는 프로그램과 서비스를 제공하기 위해서는 시장의 결핍과 욕구를 인식하고, 현재 처해있는 위치를 조사하며, 서비스 제공의 문제나 기회를 찾아서 미리 대비하고 있어야 한다.

생각을 전략적으로 한다는 것은 먼저 변화를 두려워하는 장애 요인들을 극복한다는 것이다. 의식구조를 촉진시키려는 마음가짐Catalyzing Strategic Mindsets으로 시작해야 한다. 완전한 사고의 전환이다. 사고방식을 새롭게 하지 않고서는 효과적인 전략을 세울 수 없다. 처해 있는 상황을 세심히 관찰하고, 앞날을 조심스레 살펴보면 혜안이 생긴다. 이것이 통찰력이다.

이런 통찰력이 없으면 탁상공론에 그친다. 지금 이 시대에 필요한 것은 혁신Innovation이다. 그 결정된 혁신을 밀고 나갈 조직적 조정Organizational Alignment도 필요하고, 과감하게

개념정리

Strategic Thinking이란:
1. organizational innovation
2. organizational alignment
3. strategy execution/performance

집행Strategy Execution할 수 있는 작전까지 포함한 큰 그림을 그려봐야 한다. 혁신의 시대에서 생존하기 위해서는 전략적인 마음에서 우러나오는 전략적 사고가 필요하다.

2) 고객의 만족Consumer Satisfaction

고객 만족은 모든 기업의 목표이자 과제다. 고객을 만족시키지 못하는 상품서비스을 제공하는 기업은 발전은커녕 생존하기조차 어렵다. 고객을 만족시키려면 먼저 고객을 잘 이해하고 있어야 한다. 고객의 성별, 나이, 주거 지역, 직업 등의 일반적인 정보뿐만 아니라 고객이 갖는 다양한 분야에 대한 관심 등 관련 정보를 확보하고 분석해야 한다. 고객에 관한 지식을 넓히고 무엇이 더 중요한지 순차적으로 나열할 수 있는 능력이 필요하다. 고객의 의견을 잘 수렴할 줄도 알아야 한다.

여기서 고객의 선입견이 매우 중요하다. 선입견이란 그들의 의식이나 인식에 달려 있는 것이다. 우리가 메시지를 보냈을 때 고객이 그것에 대해 느끼는 감정을 말하는 것이다. 이때의 감정은 강한 자극을 받는 것에서부터 아무런 흥미를 보이지 않는 것까지 다양하다.

이것은 그들의 주관적인 편견이 될 수도 있다. 그러나 그들은 편견에 의해 행동하기 때문에 현실로 받아들여야 한다. 진실이 아닐지라도 말이다. 그들의 편견이나 불평은 기술적으로 잘 받아들이고 고객이 원하는 방식으로 빨리 처리할수록 좋은 서비스가 되며 고객이 만족하게 된다. 그리고 고객이 만족했을 때 구매가 성립된다.

대부분의 피트니스 클럽에서는 무료로 시설을 사용해보도록 권장하는 상술을 펼치기도 한다. 처음으로 고객이 방문했을 때는 자세하고 친절한 안내, 질문에 충실한 대답, 원한다면 개인 지도까지 무료로 봉사한다. 이때 그 클럽에서 노리는 효과는 시설을 과시하는 것은 물론 사원들의 풍부한 지식, 친절, 그리고 회원들에게 신경을 많이 써준다는 인상을 고객에게 심어주는 것이다. 이것도 마케팅의 한 과정이다. 이때 받은 좋은 선입견에 따라서 실제로 고객이 회원으로 등록하면 이 마케팅의 과정은 성공리에 끝난다.

'고객제일주의' 시대인 현실에서 뒤처지지 않고 계속 고객을 만족시키기 위해서 단순히 구호만 외친다고 되는 것이 아니라 참신한 아이디어와 전략적 사고가 필수적이다. 궁극적인 목적은 고객을 만족시키는 것이다.

고객이 만족하면 회사가 성장한다. 고객 섬김 경영이다. 아시아나항공은 '고객 불만 원스톱 서비스'를 활성화하여 고객의 불만을 실시간으로 해소시키고, 고객의 요구를 반영한 고객 보상 기준을 운영함으로써 고객과의 신의를 지킨다고 한다.

3) 마케팅의 효율성Efficiency of Marketing

효율적인 마케팅을 하려면 프로그램과 서비스를 고객들에게 알맞게 연결해주어야 한다. 또한 프로그램을 성공시키기 위해서는 누가 무엇을 책임지고 어떤 작전을 세워 언제 마케팅을 실시할 것인지 결정해야 한다. 어떤 일을 결정할 때도 미리 조사하여 완전히 이해한 뒤에 실천으로 옮겨야 하며, 다수의 의견을 종합하여 결정해야 혼자 결정하는 것보다 실수가 적다. 고객과 시장을 잘 알고 있는 것이 유리하다. 그 이후의 전략들이 어떻게 진행되었나를 평가하고 그 결과를 다음 계획에 반영하면 큰 도움이 될 것이다.

4) 자원의 매력Attraction of Resources

조직체의 자원은 시설, 사원, 프로그램 같은 것들이다. Sport-Leisure 분야에서는 시설 이용을 하나의 상품으로 제공하기 때문에 시설 자체도 중요한 마케팅 역할을 한다고 생각해야 한다. 다른 많은 프로그램들도 이러한 시설을 사용하면서 이루어지므로 프로그램을 만들거나 실시할 때도 시설의 필요성은 절대적이다. 이러한 위치를 차지하고 있는 시설의 유지, 청결 상태, 미적인 매력, 편리한 점들이 고객에게 끼치는 영향은 막대하다. 위에 진술했던, 고객이 중요시하는 요인에 대한 골퍼들의 의견화장실의 청결 상태을 상기해 보면 쉽게 이해할 수 있다.

시설 외에 중요한 자원은 조직체에 고용되어 있는 직원들이다. 그들이 소유하고 있는 전문지식, 자격, 경험 또한 좋은 선전 자료가 될 수 있다. 이러한 여러 자원 중에서 조직체의 장점이 되는 것과 단점인 것들을 면밀히 파악한 뒤, 장점들은 계속 마케팅을 하고 단점은 기회를 보거나 악조건을 극복해서라도 좀 더 유리한 조건에 설 수 있도록 노력해야 한다.

5) 프로그램의 효율성Efficiency in Programs

앞서 프로그램 자체도 중요한 선전 방법이 된다고 하였다. 이를테면 피트니스 프로그램을 선전하는데 좀 더 자세히 프로그램의 효율성을 설명함으로써 고객의 눈에 띄게 될 수도 있다. 즉, 프로그램은 운동Exercise 부분, 평가Evaluation & Testing 부분, 교육Education 부분으로 구성되어 있는 총괄적인 프로그램이기에 효율성이 높고 효과적이라고 선전할 수 있다.

좋은 프로그램은 긍정적으로 선전이 되지만 나쁜 프로그램은 부정적인 선전이 된다. 그러므로 매 시간 프로그램에서 발생되는 일에 신경을 써야 한다. 참석자들이 식구들에게 하는 이야기에서부터 이웃과 친구들에게 하는 지나가는 말까지 빠른 속도로 선전이 되는 것이다Word-of-Mouth.

프로그램의 효율성이란 프로그램의 내용, 지도자의 지도방법, 사용하는 강의실이나 체육관 등이 교육에 도움이 되어 수강자나 참석자들이 프로그램이 재미있었고 유익했다고 평가하는 것을 말한다.

6) 마케팅 연구·조사Marketing Research

마케팅에 대한 정확한 결정을 내리기 위해 필요한 정보들을 조직적으로 수집하고 분석·해석하여 그 결과를 이용하는 과정을 마케팅 연구Marketing Research라고 한다.

이때 정보들은 질적인 것과 양적인 것을 모두 포함한다. 여기서 질적이라는 것은 주관적인 정보를 뜻하며, 주로 개인 인터뷰나 그룹 인터뷰를 통해서 고객들의 태도나 기호를 알아내는 것이다. 양적이란 측정이 가능하다는 것이며, 따라서 통계 처리를 할 수 있다. 과거 자료를 찾거나 개인 대 개인이 직접 만나거나 전화로 얻는 정보들을 취급한다. 또는 우편물이나 설문지를 이용할 수도 있다. 또는 회의, 집회, 대회, 전시회를 통해서 고객들을 만나 정보를 얻는 방법도 있다.

이러한 마케팅 조사는 기관장이나 조직체의 경영자에게 아래 사항들에 대한 답을 제공하기 위함이다.

- 고객이 누구인지
- 고객의 필요와 요구에 대한 전반적인 지식
- 어떤 상품과 서비스를 제공해야 하며 값은 얼마로 정

해야 할지

- 상품과 서비스는 언제 어디에서 제공해야 하는지
- 프로그램의 성공이나 실패를 정확하게 판단하는 능력
- 어떻게 하면 광고나 홍보가 가장 잘 고객에게 전달이 되는지

즉, 앞에서 서술한 4P's인 Product, Place, Price, Promotion에 관한 질문들이며 이 답에 따라서 4P's에 대한 전략을 적합하게 변경해야 한다. 이는 회사의 경쟁력을 높이는 데 가장 중요한 요인이 된다.

조사도 하지 않고 많은 경영자들이 모든 것을 이미 다 알고 있다고 결론을 내리고 있는 현실이 가장 중요한 문제점으로 나타났다. 마케팅 조사는 항상 계속되어야 한다. 사업 계획을 세우기 전에, 실시하는 도중에, 또 끝마친 후에도 실시해야 한다. 비용 문제 때문에 마케팅 조사를 꺼리는 기관이 많은데, 이는 결과적으로 더 많은 돈을 손해 보게 된다. 왜냐하면 정확한 지식 없이 사업을 하기 때문이다.

실제로 이렇듯 많은 마케팅 기회나 방법 때문에 혼동을 하는 사람도 있다. '어떤 방법을 사용할까?' 이것이 마케팅의 매력인 것이다. 어떤 방법이라도 다 시도해볼 수 있다.

먼저 쉽게 할 수 있을 것이라고 생각되는 한두 가지를 선택해서 시도해본 뒤 그 성공 여부를 평가해보라. 열 장의 편지를 보내고 몇 명이 답장을 보내오는지 기다려보라. 아니면 몇 명이 전화를 걸어오는지 기대해보라. 그래서 그 결과 몇 개의 비즈니스가 성취되었는지 세어보라. 잘만 한다면 시장조사는 매우 과학적인 방법이다.

06

마케팅의 진화

Evolution of Marketing

1) 보유 마케팅Retention Marketing

최근에 와서 마케팅은 매우 큰 인기를 끌면서 계속 4P's 가 적용되고 있다. 그러나 이 요인들은 고객들을 끌어들이는 데만 치중하고, 일단 자기 고객이 된 후에는 별로 신경을 쓰지 않는다. 이미 내 사람이 됐다고 안이하게 생각한다. 지속적으로 고객을 만족스럽게 대우하여 오랫동안 회원으로 남게끔 하는 것에는 별로 신경을 쓰지 않는다는 것이다.

이것이 전통적인 마케팅의 허점이다. 요즘처럼 서로 손님을 빼앗기 위한 경쟁이 치열한 때는 현재 보유하고 있는 손님을 계속 유지하는 것이 더 중요한 필수조건이다. 이러한 고객 관리가 새로운 마케팅의 초점으로 등장하게 된 것은 당연하다.

어떤 분야를 막론하고 고객들은 처음 시작부터 자기가 기대했던 것과 비교해서 어긋나지 않는지, 자기가 지불한 돈만큼의 보답을 받고 있는지 모든 전달 과정이 끝날 때까지 계속 평가한다. 이런 고객의 기대에 조금이라도 어긋나거나 돈 가치의 보답을 받지 못했다고 생각되면 그 고객은 다시 오지 않을 것이다. 손님 보유의 마케팅과 계속적으로 손님들이 다시 오게끔 하는 마케팅 전략이 없다면 밑 빠진 독에 물 붓기와 같다.

Technical Assistance Research Program, Inc.의 조사에 따르면 현재의 고객을 유지하는 비용과 새로운 고객을 유치하는 비용은 1:5의 비율이라 한다. 경제적으로도 현재 보유하고 있는 고객을 계속 유지하는 것이 훨씬 유리하다는 결론이다. 손님 보유 마케팅은 곧 고객 서비스와 고객 관리로 연결되는 것이다. 진정한 고객 서비스 없이 계속 새로운 손님만 끌어들이는 것은 낭비다. 불만이 있는 손님들은 계속 떠나기 때문이다. 고객들을 만족스럽게 하고 계속 조직체와 부합시키면서 충성심을 일으켜주는 것이 진정한 고객 서비스이며 고객 보유의 목적인 것이다.

고객 유지 기술로는 손님들이 불평이나 제언을 할 때 사용할 수 있는 전화번호를 제공하거나, 매주 정기적인 회의를 통해서 직접 손님을 대하는 사원들과 마케팅 사원들과의 고객 반응에 대한 토의 등이 있다. 책자, 그룹 인터뷰, 개인 인터뷰도 이러한 방법 중 하나다. 또 고객만족도의 경향을 주시하고, 서비스를 정확하게 설명해주며, 환불할 돈이 있다면 될 수 있으면 빨리 돌려주는 등의 세세한 부분까지 모두 중요하다. 특별대우, 추가 서비스, 감사 편지 등으로 꾸준한 노력을 보이면 그들의 신뢰를 얻을 수 있다. 신뢰심이 생기면 인과관계가 성립되고, 인과관계가 형성되면 충성스런 고객이 된다. 충성스런 고객들은 더 오래 또는 많은 프로그램에 참여할 것이고, 또한 친구나 주위 사람들에게 추천도 할 것이다.

새로 들어온 회원과 계속 회원으로 남아 있는 숫자의 비율을 보면 그 조직체가 유지 마케팅을 얼마나 잘하고 있는지 알 수 있다. 이를 회원회전율이라고 하는데, 보유율이 30%라면 떠난 사람은 70%란 뜻이다. 보유율을 높이기 위해서는 먼저 고객들이 떠나는 이유를 분석해보아야 한다. 매케인McKain이 제시한 자료에 따르면 다음과 같은 이유로 고객들이 떠난다고 한다(2005).

- 이사 3%
- 다른 회사와의 친분 5%
- 경쟁 회사로 전향 9%
- 상품에 불만족 14%
- 불친절한 직원 때문에 68%

보통 '이사를 했기에 떠났겠지.'라고 쉽게 생각한다. 놀라운 일은 자기 직원의 잘못된 언어와 행동이 고객을 실망시키거나 화나게 했기에 떠난다는 사실이다. 멤버들에게는 첫 5개월이 가장 중요한 고비다. 이 기간에 대략 70%가 떠난다고 한다. 그러나 그 고비를 잘 넘기면 최소한 1년은 더 회원으로 남아 있을 확률이 높아진다고 한다.

멤버가 되었다고 안심하지 말고 처음 몇 개월 동안은 집중적이고 창조적인 서비스를 해서 고객의 만족감을 얻어내야 한다. 고객의 기대에 어긋나지 않도록 조심하면서 한 발 더 나아가 기대 이상의 좋은 서비스를 해주면 고객은 감동한다. 감동을 받은 고객은 충성심을 발휘하여 오랫동안 남아 있을 것이다.

실력 있는 사원을 채용하고 일단 입사를 했으면 회사에 오래 남아 있게 유도하는 것도 사원Internal Customer을 대상으

로 하는 보유 마케팅이다. 제2장에서 기술한 신세대의 이직

개념정리
보유 마케팅(Retention Marketing)의
중요성을 인식한 학자들은
4P's 외에 다섯 번째의 'P(People)'
를 제시했다.
률을 생각해보자. 입사 5년 내에 50%가 이직했다. 보유 마케팅의 중요성을 다시 한 번 확인할 수 있는 대목이다.

'개념정리'에서 언급한 'People'이란 고객을 말한다. 이미 고객이 된 사람들을 계속 고객으로 보유하는 것이 전체 마케팅 과정에서 가장 중요한 요인으로 부각되었다. 더욱이 SNS 및 초고속 통신망의 발달로 보유 마케팅은 더욱 효과적·효율적으로 펼쳐지고 있다.

2) 고객관계관리 마케팅
Customer Relationship Management Marketing

'고객관계관리'라는 이름이 제시하는 것과 같이 핵심은 '고객'과 '관계'다. 고객에는 내적 고객과 외적 고객이 있다고 했다. 즉, 조직 내부의 경영자와 사원들, 외부의 고객과 회원들을 말한다. 이 새로운 개념의 마케팅을 전담할 CRMCustomer Relations Management 팀, 릴레이션십 매니저Relationship

228

Manager, CCO Chief Customer Officer 등의 새로운 직함들이 등장했다. 분산되어 있던 마케팅 노력을 한곳으로 통합한 것이다.

CRM은 기본적으로 대상 고객을 파악하는 것에서 시작한다. 고객을 알게 되면 그들이 원하는 것도 알아볼 수 있다. 고객이 원하는 것을 그들이 원하는 방식으로 서비스해준다면 고객과 회사의 관계는 계속 유지된다.

고객들의 기호는 변한다. 고객에 대한 정보를 꾸준히 축적해서 데이터베이스를 구축해야 한다. 지속적인 것뿐만 아니라 세분화도 시도한다. 광범위한 정보를 수집·관리하고 다방면으로 분석·활용하는 모든 과정은 되풀이된다.

이렇게 형성된 고객과의 관계를 친밀하게 또 장기적으로 유지하기 위한 지속적인 노력도 필요하다. 고객에게 끊임없는 관심을 보이고 교육을 시키면 고객충성도가 증대할 것이고 그렇게 되면 구매 증진과 더불어 시장에서 고객점유율이 향상되는 결과가 온다. 이런 과정을 거쳐서 회사의 경쟁력을 높이는 모든 노력을 고객관계관리 마케팅이라 한다. 고객들에 대한 자료 수집과 고객들과의 인간관계에 초점을 둔다고 해서 데이터베이스 마케팅 또는 릴레이션십 마케팅이라고도 칭한다.

인터넷과 텔레커뮤니케이션이 데이터베이스를 체계적으

로 활용할 수 있게 함으로써 CRM 마케팅을 용이하게 할수 있게 되었다. 데이터베이스 분석에 따라 쉽게 고객의 구매 패턴을 파악한 후 우량 고객을 선정해서 소규모의 고객들을 목표 대상으로 삼거나, 1대1 서비스도 제공할 수 있다. 이것은 고객 별로 특성을 파악해 대응하는 맞춤형이다. 이렇게 차별화된 마케팅을 하다 보니 점점 고급화 현상이 일어나고 있다. 이름만 봐도 알 수 있다. VIP 마케팅에서 황금 고객 마케팅, 극소수의 최상류층을 강조한 하이엔드 High-End 마케팅까지 다양한 종류가 탄생했다.

병무청에서도 건강한 병역 문화를 정착시키기 위해 2006년에는 CRM 시스템을 이용하여 맞춤식 병무민원 상담 서비스를 제공하기 시작했으며, 2014년에는 청년 취업 활성화를 도모하기 위하여 '취업맞춤특기병제도'를 만들었다.

3) 인터넷 마케팅Internet Marketing

디지털 시대에 들어서면서 소통하는 방식이 근본적으로 바뀌어가고 있다. 속도와 다양성을 동시에 만족시킬 수 있는 기술 때문이다. 'Medium'을 통해서 장소에 구애받지 않고 동시에 실시간으로 여러 사람들과 의사소통이 가능하고,

고객들의 반응도 체크할 수 있는 것이 인터넷 마케팅이다.

인터넷 마케팅의 기본 목적은 비용을 줄이고, 더 많은 이익을 창출하며, 시장점유율을 확대하고, 고객 만족을 증가시키면서 치열한 경쟁에서 남보다 앞서가겠다는 것이다. 이 마케팅의 대상은 개인이나 집단이 될 수도 있다. 하지만 가장 핵심이 되는 것은 콘텐츠의 질이다. 빈약한 콘텐츠는 인터넷에 올릴 가치가 없다. 의사소통은 수동적으로 받기만 하거나 서로 주고받을 수도 있다. 가장 중요한 것은 서로의 소통은 직선적이고 개인적이어야 한다.

인터넷 마케팅은 자신의 블로그Blog를 만들면서 시작된다. 블로그의 목적은 방문자를 자연스럽게 그들의 웹사이트로 연결시키는 것이다. 먼저 눈에 띄는Visibility 비디오와 오디오 자막으로 고객을 유인Click하게하고, 창조적Creatively인 웹사이트 디자인으로 방문객을 오래 머물러 있게 하는 것이 관건이다. 주의해야 할 점도 있다.

- 인터넷 문화를 이해할 것
- 당 사이트를 방문해야 할 이유를 제시할 것
- 내용의 중요성을 잊지 말 것
- 내용물을 최근·최신 것으로 유지할 것

- 스패밍Spamming은 절대 하지 말 것
- 보안 문제도 생각할 것

인터넷을 통한 마케팅, 홍보, 고객 서비스가 확산되는 원인은 처리 비용이 싸고, 처리 시간도 단축되며, 항상 접속할 수 있기 때문이다. 우리가 디지털 시대에 살고 있다는 사실을 증명이라도 하려는 듯 온라인이나 오프라인을 통한 인터넷 마케팅은 계속 진행형이다.

4) 스토리텔링 마케팅Storytelling Marketing

불황 때 먹히는 마케팅이 스토리텔링Storytelling이라면서, '스토리는 돈이다… 브랜드 역사도 훌륭한 이야깃거리'라는 기사가 있었다. 새로운 차별화 요소를 찾기 위한 스토리텔링 마케팅 전략이 도입되고 있다. 아기자기한 이야기를 좋아하는 사람들의 본성을 자극해서 마케팅 효과를 오래 지속시키기 위한 것이다. 이야기를 통해 제품이나 기업에 대한 관심과 신뢰를 얻고자 하는 것이다. 세계 1위 홍보회사 에델만의 회장 리처드 에델만에 따르면 수많은 대중에게 일방적으로 정보를 전달하는 '일 대 다수one to many' 소통의 시대가 끝나고 쏟아지는 정보들이 한 사람에게 도달하기 위해 경쟁하는 '다수 대 일many to one' 소통의 시대로 넘어갔다(2006). 멋진 스토리로 소비자들을 모으고, 소비자들이 그 스토리를 주변 사람들에게 자발적으로 퍼뜨리도록 하는 스토리텔링이 잘생긴 배우를 내세운 광고보다 효과적이다.

이 마케팅의 성공은 스토리 자체의 내용Contents에 달려 있다. 잘 만든 이야기가 물건을 판다. 많이 먹히는 내용으로는 브랜드의 역사, 창업자, 제품 개발에 얽힌 이야기를 꼽을 수 있다. 미국 3M의 포스트잇 개발에 얽힌 비화나 1960년대 베트남 전쟁 때 총 맞은 지포 라이터가 멀쩡했다는 사연이 가장 인상적이다. 이렇게 흥미진진한 스토리, 애착을 느낄 수 있고 공감을 불러일으킬 수 있는 이야기를 창조하고 강조하면 회사와 상품의 브랜드 이미지를 오래 가져갈 수 있다. 브랜드를 체계적으로 관리하고 경쟁력을 길러야 브랜드 가치도 상승하고 동시에 기업도 오래 살아남을 수 있다. 사실 브랜드 스토리도 중대한 자산이다.

5) 감성 마케팅Emotional Marketing

우리는 감성에 의해 물건을 산다. 소비자의 감성을 일깨

워 공감을 얻어낸다. 소비자의 감성에 호소하는 시대가 왔다. 이성적인 면보다 감성적인 면을 강조한다. 눈에 보이지 않는 감성을 눈에 보이는 디자인, 색깔, 소재를 통해 형상화하려는 시도가 일어나고 있다. 감정은 즐거워야 한다는 긍정적인 사고, 즐거움을 느끼는 것, 감동을 먹는 것은 매우 개인적이다. 이렇게 개인의 감성에 호소해서 잠재적인 고객을 확보하는 것이 감성 마케팅이다. 특히 젊은 감성 세대를 대상으로 많이 행해진다. 고객 만족에 그치지 않고 최고의 충성심을 창출한다는 전략이다.

스콧 로비넷Robinette에 따르면 감성 마케팅은 고객과의 지속적 유대를 추구하는 것으로 고객 자신이 소중하게 여겨지고 배려 받는다고 느끼게 함으로써 그들의 충성심을 끌어내는 것이라고 정의했다(2003). 즉, 감성 마케팅은 소비자의 감성에 호소하는 마케팅 기법으로 인간의 오감의 감성요소를 자극하여 고객과 소통하고, 더욱 친밀하고 지속적인 관계를 구축해가는 것이다.

제1장에서 설명했듯이 정의적Affective 영역은 서로의 관계가 구축되고 충성심이 형성되는 곳이다. 이렇게 형성된 감성은 오래도록 사라지지 않는다. 미국에서 2012 런던 올림픽 게임 중계방송을 시청하면서 느꼈던 일이다. 중계 방송

국 NBC가 내보낸 광고들의 일부는 시청자의 감성을 뛰어넘어 영혼까지 잠식하려고 제작된 것 같았다.

한국 고객의 감성을 제대로 파악하고 거기에 적절히 부응해서 그곳에서만 체험할 수 있는 독특한 스타일과 문화를 창출하는 데 성공했다는 '스타벅스의 감성 마케팅'도 눈여겨볼 만하다. 개성적이며 감성을 추구하는 신세대 여성들에게 적중했다는 것이다.

Sport-Leisure 분야에서도 찾아볼 수 있다. 피트니스 시설이나 프로그램들이 최고급화를 추구하고 있고 그 이용률도 크게 증가하는 추세라고 한다. 최고급을 추구하는 라이프 스타일을 중요하게 여기는 사람들이 늘어나고 있다는 것이다. 상류사회에 속하고 싶은 욕망과 자신을 과시하고 싶은 충동이 교묘히 적중한다. 이처럼 감성을 자극하는 전략이 새롭게 부를 창출하는 원동력이 되어가고 있다. 디자인, 품격, 명품 등을 보고 느끼는 감성적 측면이 더욱 중요시되고 있는 것이다.

감성 마케팅은 위기 속에서도 빛을 발했다. 2010년 2월에 규모 8.8의 강진으로 사상 최악의 상황에 처한 칠레를 돕기 위해 '칠레 와인'을 마시자는 온정이 쏟아졌다. 공감대가 형성된 감성 마케팅의 또 다른 한 면이다.

최근에 진정성Authenticity에 바탕을 둔 마케팅이 새롭게 소개됐다. SNS와 같은 뉴미디어의 발전으로 소비자들이 많은 정보를 얻거나 공유할 수 있게 되었다. 그 결과로 기업의 진정성도 감시할 수 있게 되었고, 모든 기업들이 좀 더 솔직해질 것을 요구하고 있다. 교묘한 상술을 이용한 마케팅은 더 이상 설 자리가 없어지면서 존경받는 기업만이 살아남을 것 같다(Kotler, 2016).

6) 문화 마케팅Cultural Marketing

2009년 5월 26일, 서초동 모차르트홀에서 '우리 오페라 우리 아리아 갈라 콘서트'가 처음으로 시연되었다. 우리나라 고유의 스토리논개, 메밀꽃 필 무렵 등를 오페라로 선보이는 행사였다. 대명레저산업이 그들의 VVIP를 모시고 한 문화 마케팅의 일환이라 더욱 뜻깊었다.

이미 백화점이나 대형 마트는 문화 마케팅으로 고객들을 끌어들이려고 활발하게 행사를 펼치고 있다. 음악 공연, 미술 전시회, 와인 행사, 스포츠 행사 등 종류도 다양해져서 고객 선택의 폭이 점점 넓어지고 있다. 간단히 기업의 문화 예술 지원이라고 생각하면 된다. 식사나 술자리 접대가 문화 접대로 바뀐 것이다. 우수 고객에게 야구시합, 공연, 전시회의 관람권이나 라이브콘서트 초대권을 증정하는 방법에서부터 아파트의 가치를 높이고 브랜드 차별화를 위해 북 카페, 독서실, 유아방, 피트니스 센터, 수영장, 골프연습장, 스크린골프 등 각종 문화와 스포츠 관련 시설을 설치하는 방법까지 강구하고 있다. 문화 마케팅이 다양화되고 있다.

기업들은 문화라는 매개체를 통해서 고객들에게 쉽게 접근할 수 있다. 그들의 문화적 욕구취미생활를 충족시켜 기업의 브랜드 이미지를 높이고, 제품과 서비스의 부가가치를 높이며, 나아가 매출 상승까지 유도한다는 전략이다.

'고객들은 음악 듣고 그림 본 후 더 많이 쇼핑했다'는 기사가 있듯이, 주최 측에 돌아오는 성과는 기대 이상이다. 대형 공연이 있는 날은 매출이 큰 폭으로 늘어난다고 한다. 신세계백화점 문화홀을 이용하는 고객들의 평균 구매금액이 일반 고객보다 6배가량 높았다. 롯데마트가 2009년 1~3월 매출을 분석한 결과 문화 센터를 이용하는 고객의 매장 방문 횟수는 일반 고객보다 3배가량 많았고, 구매금액도 2배가량 높았다.

성과는 고객에게도 나타난다. 좋은 공연을 무료이거나

저렴한 가격으로 즐길 수 있는 반면에 고급스러운 문화 마케팅을 접하고 나면 여가시간을 좀 더 아름답고 품격 있게 보낸 것에 대한 만족감을 느낀다고 한다. 예술과 함께 여가시간을 누리면 삶이 여유롭고 풍성해지는 것 같아서 행복하단다.

최근 몇 년간 급속히 번진 강연 열풍은 문화 콘텐츠를 앞세워 마케팅 효과를 얻으려는 또 다른 모습이다. 기업에서도 대형 강연을 기획해 고객들에게 선보이는 사례가 늘고 있다. 주로 수익보다 사회 공헌이나 마케팅 관점으로 강연에 접근하고 있다. 대표적인 사례가 삼성그룹의 '열정락서'다. 강연의 힘은 공감에서 나온다. 공감이란 이해하고 배웠을 때만 일어나는 현상이다. 진실한 마음은 사람의 마음을 움직이고 뜨거운 열정은 사람의 영혼까지도 감동시킨다. 영혼을 자극할 수 있는 마케팅 방법을 찾는 것이 관건이다. 더욱이 기업들이 축적한 부의 일부를 사회에 환원하기 위한 방법으로 문화예술 분야를 지원하는 메세나Mecenat 활동을 홍보하면서 회사의 공익 이미지도 높일 수 있다 .

문화 마케팅은 고객도 좋아하고 기업도 좋아한다. 윈윈 Win-Win 전략이라고 할 수 있다. 고객도 진화하고 마케팅 전략도 진화하고 있다.

7) 스마트폰 마케팅Smartphone Marketing

스마트폰 값이 내리면서 스마트폰 사용자가 폭발적으로 증가했다. 작은 화면과 이동 중에도 사용할 수 있다는 점에 착안해서 스마트폰 마케팅 시대가 열리고 있다. 패션업체와 유통업체들은 컬러풀한 동영상으로 신상품이나 코디 정보를 알려주고 할인 쿠폰도 제공한다. 전국 매장 약도도 알려준다. 마케팅의 메시지는 간단하면서 차별화가 되는 말 한마디카피, 슬로건로 큰 반향을 불러일으킬 수 있으므로 그 중요성은 아무리 강조해도 지나치지 않다. 소비자들과 좋은 관계를 맺고 유지하는 것이 목표이기 때문이다.

스마트폰 열풍이 불면서 트위터 사용자가 급증했다. 트위터가 소통의 장으로 활용되고 있다. 트위터로 회사를 홍보하고 고객의 불만도 듣는다. 삼성기업 트위터 사이트가 이건희 삼성전자 회장의 복귀를 외부에 가장 먼저 알렸다. 기존의 홍보가 일방적으로 내보내는 것이라면 트위터 홍보는 친구처럼 쌍방향 대화를 하며 신뢰를 쌓아가는 은근한 방법이다. 트위터는 특히 미국 대통령 트럼프가 국민들과 소통하려고 자주 사용하는 SNS 도구로 유명하다.

8) 소셜 네트워킹 서비스 마케팅
Social Networking Service Marketing

최근 SNSSocial Networking Service가 각광을 받고 있다. SNS란 한 이용자가 자신의 내용물Contents을 다른 이용자들과 서로 나누어 보고 공유할 수 있는 웹사이트를 말한다. 내용물은 문장, 사진, 영상물로 제작된다. 이 서비스를 통해 사회적 관계망이 이루어지고 있다.

인터넷, 스마트폰, 무선 인터넷 서비스의 확장과 더불어 SNS의 이용자 또한 급증하고 있다. 대한민국 내 SNS 시장은 페이스북과 트위터가 주도하고 있다. 소셜 미디어를 통해서 기업을 홍보하고 온라인 마케팅 작전을 세울 수 있다. 저렴한 비용으로 소비자와 고객들의 인지도를 높일 수 있는 방법 중 하나다. 광고뿐만 아니라 고객 서비스나 고객 유지 목적으로도 사용된다.

SNS는 좀더 '고객' 지향적인 마케팅의 계기가 되었고 앞으로도 계속 성장해 나갈 것이다. 고객과 만나는 창을 늘리기 위해 기존 고객 센터 외에 SNS 고객 센터도 만들어지고 있다. 기업 트위터와 블로그를 통해 고객과 회사가 일대일로 소통하고 있다. SNS의 가장 큰 장점은 맞춤형 마케팅을 효율적으로 수행할 수 있다는 점이다. 처음에는 SNS 세대를 중심으로 시작되었지만 이제는 모든 세대가 동참하는 추세다.

　SNS 시장을 주도하고 있는 페이스북을 살펴보자. 기업들은 독특한 방법으로 자신만의 고객을 표적으로 삼을 수 있다. 이를테면 골프 전문 회사는 수많은 페이스북 가입자 중에서 '20~30세의 한국 여성 골퍼'만 쉽게 추려낼 수 있다. 먼저 지리적으로 한국이라는 나라를 선정하고, 여성으로 성별을 구별하고, 나이는 젊은 층20-30세까지으로 뽑고, 그 중에서도 골프를 취미로 삼는 가입자만 뽑아서 목표 고객으로 삼을 수 있다. 아주 경제적이고 단시간에 효율성을 높일 수 있으며, 광고의 효과는 절대적이다.

07

명백해지는 경향

Emerging Trends in Marketing

인터넷 세대는 개인용 컴퓨터의 개발 이후 태어난 시대를 일컫는 말이다. 컴퓨터와 인터넷이 만나면서 대량의 정보와 지식이 쌍방향으로 이동하고, 디지털 미디어와 그 기술의 발달로 전 세계가 실시간으로 연결되어 있는 시대에 살고 있다. 오늘도 진화는 계속 진행되고 있다. 디지털 미래를 재촉하고 있는 세 가지 추세를 살펴보자. 그것은 세 개의 핵심 단어인 Global, Mobile, Intelligent로 요약된다.

개념정리
디지털 미래의 세 가지 핵심 단어:
1. Global
2. Mobile
3. Intelligent

1) 세계화Global

세계화는 온라인과 오프라인에서 동시에 일어나는 현상이다. 실질적Off-Line 마케팅 관점에서 보면 주로 국가 단위로 행해지던 것이 국제적인 시장을 대상으로 영역이 넓어졌다. 나라마다 자연-사회-경제 환경이 상이하다. 놀이나 먹는 음식과 사는 집 등 생활방식의 차이가 존재한다.

지구촌 다문화 세계에서는 문화 다양성을 고려해서 각 문화와 국가에 적절한 프로그램과 서비스를 사용자의 욕구에 맞추어야 한다. 그들이 받아들이는 가치와 혜택은 우리가 생각하는 것과는 다르다. 사전에 철저한 시장조사를 통해 그들의 능력, 태도, 기대감까지 파악하고 있어야 효과적이다.

기술적On-Line인 관점에서 보면 인터넷과 쌍방향 디지털 미디어의 발달로 개인의 인간관계나 사회 교류의 새로운 방법들이 속속 등장하고 있다. 가수 싸이의 뮤직비디오 〈강남스타일〉이 전 세계를 휩쓸었던 적이 있다. 그 당시 세계의 음악적인 환경과 딱 맞아떨어졌기 때문이라는 분석이다. 기술의 발달은 시차를 없애고 취향의 공통분모를 늘렸기에 가능했던 일이다. 즉, 전체 통합Global Integration이었다.

하지만 세계적인 트렌드를 따르는 것도 중요하지만 우리만의 개성이 담긴 콘텐츠를 거꾸로 세계 시장에 소개하는 것도 필요하다. 그것이 소녀시대를 포함한 우리의 K팝을 통한 한류 열풍이 세계적으로 퍼져 나갈 수 있었던 요인이다.

대중매체의 언론 보도와 TV 중계도 세계화 추세를 잘 대변하고 있다. 전 세계 인구가 지켜보는 올림픽 대회가 좋은 예다. 대회 중계 자체뿐만 아니라 대회 기간 동안 펼쳐지는 대기업들의 상품 선전 경쟁은 대단하다. 2012년 런던 올림픽에는 'KIA자동차' 광고가, 2016년 리우 올림픽에서는 삼성 'Galaxy Note 7'의 마케팅이 눈에 띄었다. 필자는 'KBS 뉴스 9'을 미국에서 실시간으로 시청하고 있다. 다시 보기는 물론 생방송도 넓은 태평양을 건너 내 노트북에 고화질로 제공된다. 빠른 속도로 진행되는 세계화를 몸소 체험한다.

2) 휴대화Mobile

Mobile, mobile, mobile, 모바일. 휴대 장치인 스마트폰 사용자가 폭발적으로 증가하고 있다. 미래 성장 동력은 모바일에 있다고 해도 과언은 아니다. 데스크톱 컴퓨터상에서 이루어지고 있던 컴퓨터 브라우징도 휴대 장치로 옮겨간 지

오래다. 모바일에서 우리는 대화하고, SNS를 하고, 기사를 읽고, 게임을 한다.

휴대 장치인 스마트폰, 아이패드태블릿, 노트북을 소유한 사람들은 모바일 마케팅의 표적이 된다. 패션업체와 유통업체들은 컬러풀한 동영상으로 신상품을 알려주고, 은행에서는 신상품 소개나 자산 관리 세미나 등 새 소식을 고객들에게 알려준다. 모바일 마케팅의 기본은 소비자들과 좋은 관계를 맺고 유지하려는 노력이다.

우리는 매일 많은 마케팅 메시지나 이메일을 접하고 있다. 단말기만 있으면 하루 24시간 모든 업무도 볼 수 있다. 그것도 빠르게, 공짜로, 안전하게 할 수 있다. 편리한 시간에 장소를 막론하고 자투리 시간을 이용해서 할 수 있다. 이렇게 활동적인 세대를 위한 미래의 단말기는 간단히 휴대할Mobile 수 있거나, 편히 입거나 차고 다닐Wearable 수 있어야 한다.

3) 지능화Intelligent

우리는 필요한 지식이나 정보를 언제 어디서든 찾아볼 수 있다. 정보 커뮤니케이션 기술은 많은 양의 정보를 저장하고 휴대할 수 있게 하였으며, 초고속 통신망은 지식을 처리하고 적용할 수 있는 전례 없는 세상을 우리에게 열어주고 있다. 그러나 모든 것이 지능화되기 때문에 사용자들은 더욱더 공부를 해야 한다. 배우지 않으면 세상은 점점 살기 어려워진다.

우리는 이미 글로벌 지식 사회에 진입했다. 인터넷 공간에는 국경도 경계도 없다. 지리적인 거리나 경제적 차이를 막론하고 누구든 필요한 지식과 정보를 쉽게 접할 수 있다. 자기만의 지식과 정보를 다른 사람들과 함께 공유하고 활용할 수도 있다. 소통과 공유의 대상은 개인일 수도 있고 집단일 수도 있다. 주로 수동적이고 대중적으로 행해지고 있지만, 지능화의 효율성을 높이려면 직선적이고 개인적이어야 한다. 거대한 양을 저축하고 휴대할 수 있는 기술도 한몫하게 되었다. '식자識者'의 시대가 지나가고 '지식 활용'의 시대가 다가왔다. 알고 있는 지식이 중요한 것이 아니라 그 지식을 얼마나 잘 활용하느냐가 관건이다.

미래 직장인들은 자신의 사무 능력과 생산성을 강화하기 위해 각자의 근무 환경이나 사무기구, 지적 자원을 현명하게 선택해야 한다. 인터넷과 다양한 글로벌 소셜 네트워크를 잘 활용할 수 있는 자만이 다가오는 시대에서 살아남을 수 있다.

(1) 콘텐츠Contents

디지털 정보를 통칭하여 콘텐츠Contents라고 한다. 자신이 직접 디지털 기기를 사용하여 음악, 동영상, 사진 등의 콘텐츠를 인터넷상에서 발표하고 저장하고 공유한다. 얼마 전만 해도 인터넷은 내용물을 프레젠테이션Presentation하는 것에 그쳤다. 오늘날의 인터넷은 거대한 양의 내용물은 물론 여러 가지 방법으로 계산 처리도 할 수 있고, 즉각적인 의사소통도 할 수 있다. 스마트 TV 시장에서도 화질보다는 콘텐츠를 더 강조하는 추세다. 텔레비전 예능 프로그램도 예외는 아니다.

잘 만들어진 콘텐츠라도 전달 수단이 적절하지 못하면 시청자들에게 외면당한다. 콘텐츠를 접한 사람이 내용을 빨리 이해·소화하지 못했다면 실패다. 그래서 마케팅 전략이 필요하다. 통계로 보면 스냅챗Snapchat이 페이스북을 이미 추월했다. 링크드인Linkedin과 트위터도 이용이 가능하다. 이메일은 평범한 방법이지만 마케팅 자동화를 병행하면 더욱 값진 전략이 될 수 있다.

첨단기술의 발달로 소비자들은 많은 정보를 얻거나 공유

할 수 있게 되었다. 모든 정보가 구글Google 같은 업체들의 클라우드Cloud 속에 빅 데이터Big Data로 쌓이고 있다. 그래서 스스로 학습하고 관리하면서 고유의 의미를 찾아내는 머신 러닝Machine learning, 기계 학습도 활용되고 있다. 마케팅의 가장 중요한 관건은 소비자의 체험이다. 소비자가 체험함으로써 감성 마케팅이나 마케팅의 진정성도 알 수 있게 되었다. 솔직하고 감동적인 기업만이 살아남게 된 것이다.

문화 콘텐츠를 다루는 대형 강연이 급속히 번지고 있다. 최근 인기 있는 강연의 비결은 한 명의 연사가 다수에게 일방적으로 콘텐츠를 전달하는 것이 아니라 다수의 참여를 끌어내는 데 있다. 관객들은 직간접으로 강연에 참여하며 공감대를 형성한다. 사람이 몰리는 곳에 비즈니스 기회도 있다. 강연 붐은 비즈니스 기회로 이어진다. 대기업에서는 수익보다 사회 공헌이나 마케팅 효과를 위해서 강연을 기획하는 사례가 많다. 강연 열풍은 문화 콘텐츠와 마케팅 전략이 맞아떨어진 콘텐츠 마케팅의 산물이다.

정보통신기술ICT 산업은 하드웨어 디바이스스마트폰에서 콘텐츠와 인터넷 서비스로 옮겨갈 것이라고 전망했다. 콘텐츠의 중요성이 재확인되는 대목이다.

(2) 융합Convergence

컨버전스Convergence는 한곳으로 통합한다는 뜻이다. 여러 가지 기능이 하나로 통합되어 업그레이드되거나 또는 완전히 새로운 형태로 나타나는 것을 말한다. 교통카드와 신용카드의 만남, 프린터·스캐너·복사기가 결합된 복합기all-in-one printer, 컴퓨터의 다양한 기능까지 갖춘 스마트폰, 인터넷·컴퓨터·녹화 기능을 포함한 스마트 TV까지 '디지털 컨버전스'의 결과물이다.

'정보의 컨버전스'는 정보의 바다에 떠다니고 있는 수많은 정보와 지식을 서로 연관시켜 효과적으로 활용하는 것이다. 소유하고 있는 지식이 많다고 해도 활용해서 새로운 가치를 창출하지 못한다면 무용지물이다. 소중한 자원인 정보를 공유하고, 나아가 더 나은 정보를 취합하고 가공해 새로운 정보와 지식을 창출할 수 있고, 또 창의적이고 생산적으로 활용할 수 있도록 그 기반을 조성하는 것이 컨버전스의 핵심이다.

유비쿼터스Ubiquitous 시대의 사람들은 집my space이나 사무실our space뿐만 아니라 공중 공간public space에서도 직무를 수행할 수 있다. 직업적 장벽들이 허물어지고 있다. '컨버전스 커뮤니케이션' 개념을 도입해 보다 높은 성과를 얻기 위한 노력도 컨버전스의 일환이다.

첨단기술과 전통산업이 융합되면서 새로운 업종과 직업이 탄생하고 있다. 이런 산업 수요에 맞추어 우수 대학들이 융합형 인재를 키우기 위한 교육 혁신을 도모하고 있다. 2017년 한양사이버대학에 신설되는 디지털건축도시공학과는 건축공학, 도시공학, 정보기술이 접목된 융합 전공이다. 교과과정에서도 이과자연과학와 문과교양의 높은 칸막이가 없어진다. 융합 시대에 걸맞은 교육과정의 혁신이다.

(3) 공동작업Collaboration

인터넷은 하나의 거대한 글로벌 컴퓨터다. 우리는 이 거대한 컴퓨터를 사용해서 다방면으로 또 새로운 방법으로 협력·합작Collaboration을 하고 있다. 이를테면 타인과 협력하면 혼자서는 불가능한 놀라운 일을 성취할 수 있고, 도움이 되는 기구를 통하면 언제 어디서나 협력을 할 수 있기에 매우 효과적이다. 합작을 도와주는 도구들은 많다. 소셜 네트워킹, 인스턴트 메시징, 웹 공유, 위키백과, 블로그, 그리고 트위터까지도 포함된다.

구글 검색으로 무엇이든 알아볼 수 있고, 자신이 제작한 비디오를 띄워서 전시할 수도 있으며, 누구나 사용하는 이 글로벌 컴퓨터를 프로그래밍할 수 있다. 이 거대한 기계에 구축된 새로운 체계를 통해서 어마어마하게 많은 공동 작업들이 진행되고 있으며, 어떤 컴퓨터나 어느 도서관보다 더 많은 양의 지식을 저장하고 교환할 수도 있다. 데이터 과학자Data Scientist라는 새로운 직업도 생겨났다.

교육 분야도 예외는 아니다. 가장 널리 사용되고 있는 협력 모델은 협력교수co-teaching라고 말할 수 있다. 이 교수법은 서로 다른 전공 분야의 선생님들이 공동으로 학생들을 가르치는 것이 핵심이며, 과목이나 학년에 구애받지 않고 모든 교실에 잘 융합될 수 있다고 한다.

08

개요

마케팅이란 개인이나 조직체의 목적 충족을 위한 교환을 제공하기 위해서 아이디어·물품·서비스에 대한 개념을 정의하고 가격을 책정하며, 또 그것들을 홍보하여 고객에게 전달하는 총체적인 과정이다. 그 과정에서 중요시되는 요인들은 4P's로 Product, Price, Place, Promotion 네 가지를 말할 수 있지만 어떤 학자는 다섯 번째로 People도 포함시키고 있다.

이 요인들을 적절히 혼합하여 어떤 요인들은 더 강조하고, 몇 가지 요소를 합치거나 조정해가면서 고객들의 기호에 맞는 마케팅 공식을 세운다. 이를 위해 인구의 변동, 산업의 동태, 급변하는 환경에 적절한 상품이나 서비스의 생산 계획을 세우는 것이 필수이며, 홍보와 선전도 단계적으로 계획해야 한다.

성공적인 마케팅은 조직적이며 전략적이다. 효과적인 마케팅은 비용을 줄이고, 더 많은 이익을 창출하며, 시장점유율을 확대하고, 고객 만족을 증가시키는 것이다. 결국 조직의 성공 여부는 마케팅에 달려 있다.

학교, 직장, 사회의 'Less Work 현상'과 인터넷 보급에 힘입어 급속도로 팽창하고 있는 Sport-Leisure 산업은 무궁무진한 Sport 마케팅의 영역과 기회를 제공하고 있다. 세계화, 휴대화, 지능화를 앞세워 펼쳐지고 있는 디지털 미래에 희망을 걸어본다. 동시에 "스마트 기계를 만드는 과정에서 지구 종말과 같은 거대한 재앙이 일어날지도 모른다."는 스티븐 호킹Stephen Hawking의 우려 섞인 말도 잊지 말자.

참고문헌

제 1 장

고종관 (2009, 6월 1일). '수면 부족 국가' 대한민국. 중앙일보.

국가통계포털 (2016). www.kosis.kr

국민생활체육협의회 (2005). 설립목적·구성. www.sportal.or.kr

김용환 외 5인 (1992). 제6차 교육과정 각론 개정 연구 초·중·고등학교 체육
　　과. 서울: 한국교육개발원.

김선하, 임미진 (2011, 12월 8일). 2018년부터 줄어든다던 인구, 2030년까지는
　　증가. 중앙일보.

나윤정 (2005, 10월 6일). 2005고령자통계. 국가통계포털www.kosis.kr

문화체육관광부 (2009, 1월 30일). 스포츠산업 육성 중장기 계획 발표. www.
　　sportskorea.net

민학수 (2009, 4월 18일). 창립 20돌 맞은 국민체육진흥공단 '혁신' 선언. 조선
　　일보.

박경덕 (2004, 2월 12일). 佛정부, 비만 줄이기에 86억 원 홍보 예산. 중앙일보.

사단법인 제주올레 (2008). www.jejuolle.org

성호준 (2010, 4월 30일). 1보(步) 3복(福)⋯ 걸으면 걸을수록 행복해진다. 중앙

일보.

손민호 (2012, 3월 9일). 일본어 몰라도 길 잃을 걱정 없어요. 규슈올레. 중앙일보.

손민호 (2011, 2월 11일). 옆구리에 동해 끼고, 갈매기 따라 걷는 길. 중앙일보.

손민호 (2011, 11월 11일). 제주올레 19코스. 중앙일보.

손민호 (2009, 4월 9일). 올래요? 바다 끼고 유채밭 사이로 놀멍 쉬멍(놀며 쉬며) 걷는 길 '올레'. 중앙일보.

송덕순 (2016, 12월 14일). 단지 내 국내 첫 인공암벽 설치… 고급 아파트 새 지평을 열다. 중앙일보.

신원섭 (2016, 11월 28일). 노인건강 위한 산림치유 시설 늘려야. 중앙일보.

우재룡 (2012, 3월 6일). 여가활동을 제2직업으로… 노후 '행복 포트폴리오' 짜라. 중앙일보.

이성훈 (2009, 5월 29일). 국민 위한 '체육복지 혁신' 계속된다. 조선일보.

이무영, 김성탁, 홍연주 (1999, 6월 1일). 호텔 헬스장은 고위층特區. 중앙일보.

영상앨범 산 (2009, 5월 24일). 봄, 길을 만나다 2편-걷는 이를 위한 길, 지리산 둘레길. KBS 1, VOD.

윤경은 (1999, 5월 30일). 골프 밖 골프웨어 녹색바람. 동아일보.

윤성훈 (1993, 11월 4일). 서울대생 (정서안정성) 낮다. 동아일보.

염태정 (2009. 4월 9일). 임원은 VIP 돼야. 중앙일보.

정창복 (2006). 스포츠 시설 운영. 문화관광부 지정 스포츠산업 전문 인력 양성 프로그램. 한양대학교 스포츠산업 아카데미.

진중언 (2009, 4월 22일). 재미있는 체육으로 학생 참여 높인다. 조선일보.

차지완 (2002, 1월 28일). CEO가 앞장서 직원 건강 챙겨요. 동아일보.

천인선, 이한길 (2012, 2월 16일). 매주 놀토, 학부모도 쉬는 집은 가족여행 들뜨지만…. 중앙일보.

최선욱 (2011, 12월 3일). 지난해 태어난 아이 평균 수명 80.8세. 중앙일보.

최준호 (2016, 11월 28일). 고령화시대엔 헬스 케어, GE가 주목한 블루오션. 중앙일보.

틱낫한 (2003). 『화』(최수민 옮김). 명진출판.

허귀식 (2010, 3월 31일). 공부시간 16분 늘고, 일은 14분 덜 해. 중앙일보.

한국불교문화사업단 (2008). 『템플스테이 가이드북』. 서울: 조계종출판사.

홍주연 (2004, 2월 14일). 코오롱 '웰빙그룹'으로 간다. 중알일보.

홍지연 (2011, 11월 11일). 오늘 '길의 날' 길 문화축제 여는 도보여행가 신정일.
     중앙일보.

Annesi, J. (2001). Using emotions to empower members for long-term
     exercise success. Fitness Management (August, pp 54-58).

Athletic & recreation: Successful management of programs and
     facilities. (1992, December). Athletic Business Conference,
     Orlando, FL.

Boost your brain power 20% with regular exercise. (1991, November).
     Executive Edge. 22(11).

Global Leaders Forum 2016. (2016, November 16~17). Longevity. Cool
     Korea Imagine Challenge Create! Seoul, Korea.

Goleman, D. (1995). Emotional Intelligence. New York: Bantam Books.

Kaplan, M. (1989). Leisure trilogy. Reston, VA: American Association for
     Leisure and Recreation.

Masteralexis, L. P., Barr, C. A., & Hums, M. A. (1998). Principles and   practice
     of sport management. Gaithersburg, MD: Aspen Publishers, Inc.

Paffenbarger, R. (1992, September). Invest exercise time. Executive
     Edge. 23(9).

Shoebridge, M. (Ed.)(1992). Information sources in sport and leisure.
     London: Bowker-Saur.

Siedentop, D. (1990). Introduction to physical education, fitness, and sport. Mountain View, CA: Mayfield Publishing.

Stielstra, G. (2005). Pyromarketing. New York: HarperBusiness. The Robert Wood Johnson Foundation (2001, March). The development of the national blueprint: Increasing physical activity among adults age 50 and older. Princeton, NJ.

Zelinski, E.J. (2004). 『적게 일하고 많이 놀아라』(황숙경 옮김). 서울: 물푸레.

Zhavoronkov, A. (2016, November). Longevity: Life Extension Technology. Global Leaders Forum 2016. Seoul, Korea.

Zukav, G. (1989). The Seat of the Soul. New York: Free Press.

Web Sites:

www.fitnessworld.com

www.rnpa.org

www.worldleisure.org

www.aahperd.org

www.fitnessmanagement.com

www.athleticbusiness.com

제2장

강석 외 44인 (1992). 스포츠론 강의 보고서. 서울대학교.

고은하 외 47인 (1991). 스포츠론 강의 보고서. 서울대학교.

국민경제연구소 (1991, 9월 23일). 외국은행이 서비스 좋다. 동아일보.

국민생활체육협의회 (2005). 전국체육시설현황. www.sportal.or.kr

김종욱 (1993). 생활체육 선호도. 한국체육대학 생활체육연구소.

김준형 (1993, 11월 5일). 사원연수 사활 건 투자. 한국일보.

김성배 (1991). 모두가 함께하는 생활체육. 서울: 21세기교육사.

김창규 (2009, 4월 16일). 삼성 '닌텐도서 배우겠다' 창조경영 벤치마킹하기로.
    중앙일보.

문화체육관광부 (2009). 전국공공체육시설현황. www.sportskorea.net

문화체육관광부 (2009). 통계자료. www.mcst.go.kr.

박명기 (1993). 중등체육교사의 교사교육 프로그램에 대한 인식. 93 국제스포
    츠학술대회.

서정철 외 47인 (1993). 스포츠론 강의 보고서. 서울대학교.

신원정 (1995, 4월 22일). 모니터요원이 매장서비스 '평가'. 국민일보.

이병기 (2004, 3월 16일). 컨설팅사 베인&컴퍼니 경제학부 강의 맡는다. 동
    아일보.

이어령 (2009, 7월 18일). '잘나가던 소니, 왜 닌텐도에 밀렸나' 이 질문에 미래
    한국인의 길 있다. 중앙일보.

이상혁 외 54인 (1989). 스포츠론 강의 보고서. 서울대학교.

이현상 (2004, 2월 19일). 직장인 1200명 조사. 중앙일보.

이태일 (2004, 2월 13일). 이승엽 '본즈 벤치마킹'. 동아일보.

이정구 (2009. 7월 7일). 직무교육은 불황 이기는'보약'. 중앙일보.

이종찬 (2010, 3월 31일). '자동차 성공 비결 알려주세요' 개도국들 한국에 잇
    단 러브콜. 중앙일보.

이철재 (2004, 10월 27일). 벤치마킹하라, 어머니 손맛. 중앙일보.

양선희 (2005, 6월 24일). 주말 도심호텔 가족들에 윙크. 중앙일보.

오두환 (2011, 11월 17일). '수리 비용 걱정 마세요' 상한제로 안심 AS. 중
    앙일보.

윤순환 (1993, 11월 5일). 사원들 최고대우. 한국일보.

장경로 외 50인 (1988). 스포츠론 강의 보고서. 서울대학교.

전수진 (2010, 3월 31일). '국가 재건에 한국 새마을운동 벤치마킹'. 중앙일보.

정창복 (1993). 사회체육 시설의 경영전략. 한국사회체육학회 창간호.

정창복 (2006). 스포츠 시설 운영. 문화관광부지정 스포츠산업 전문인력 양성 프로그램. 한양대학교 스포츠산업 아카데미.

제일피알 (2009, 6월 19일). 미스터피자, 세계인 입맛 사로잡다. JPR Magazine 제1009호.

체육과학연구원 (2005). 체육지도자 자격증취득현황. www.sports.re.kr

최용원 (1992, 1월 13일). 생활체육 붐 확산. 동아일보.

최호원 (2004, 3월 23일). 인력중심서 첨단장비 위주로. 동아일보.

하임숙 (2004, 3월 4일). 백화점 '식품매장 맡아주세요'. 동아일보.

한국리서치 (2009). 직장 내 세대 간 가치관 차이. 새로운 직장/인사문화 그 준비를 위한 세미나.

한국체육과학연구원 체육통계포털 (2006). 국민생활체육활동 참여 실태조사. www.ssps.sportskorea.net.

한애란, 김호정 (2006, 3월 27일). 6만 명 우르르 입장… 35명 부상. 중앙일보.

허문명 (1995, 5월 28일). 기업 '아이디어 별동대' 붐. 동아일보.

황의봉 (1995, 4월 1일). 궂은일 모두 로봇이 대행. 동아일보.

American Management Associations (1977). Essentials of management. New York: Author.

Athletic Footwear Association (1990). American youth and sports participation. North Palm Beach, FL: Author.

Blanchard, K., Ballard, J. & Finch, F. (2004). Customer mania! It's never too late to build a customer-focused company. New York: Free Press.

Chung, T. C. (1975). Building Coverage. Journal of YMCA

Customer Service Week/National Quality Month (1993, 10월). Executive Edge, 24(10).

Desatnick, R. L. (1987). Managing to keep the customer. San Francisco: Jossey-Bass.

Fogarty, K. H. (1998). Health clubs architecture & design. Glen Cove, NY: PBC International, Inc.

Goldzimer, L. S. (1989). "I'm first": Your Customer's message to you". New York: Rawson Associates.

Hammer, M. & Champy, J. (1993). Reengineering the corporation. New York: HarperCollins.

Keiningham, T. L., Vavra, T. G., Aksoy, L. & Wallard, H. (2005). Loyalty myths. Hoboken, NJ: John Wiley & Sons, Inc.

Kelly, J. R. (1990). Recreation trends toward the year 2000. Champaign, IL: Management Learning Laboratories, Ltd.

Kraus, G. K. & Curtis, J. E. (2000). Creative management in recreation, parks, and leisure services (6th Ed). Boston: McGraw Hill.

LeBoeuf, M. (1987). How to win customers and keep them for life. New York: G.P. Putnam's Sons.

Masteralexis, L. P., Barr, C. A., & Hums, M. A. (1998). Principles and practice of sport management. Gaithersburg, MD: Aspen Publishers, Inc.

McCormick, S. (1991, July). The changing American family at play. Park & Recreation.

McKain, S. (2005). What customers really want. Nashville, TN: Thomas Nelson, Inc.

Mullin, B. J., Hardy, S. & Sutton, W. A. (2000). Sport marketing(2nd Ed.). Champaign, IL: Human Kinetics.

National Sporting Goods Association (1992). U.S. Participation in popular & club related sports activities. Mt. Prospect, IL: The Association.

Parkhouse, B. L. (1991). The management of sport: Its foundation and application. St. Louis: Mosby Year Book.

Parkhouse, B. L. (1996). The management of sport: Its foundation and application (2nd Ed.). St. Louis: Mosby.

Parks, J. B. & Zanger, B. R. K. (Eds.). (1990). Sport & Fitness Management career strategies and professional content. Champaign, IL: Human Kinetics.

Parks, J. B., Zanger, B. R. K., & Quarterman, J. (Eds.). (1998). Contemporary sport management. Champaign, IL: Human Kinetics.

Patton, R. W., Grantham, W. C., Gerson, R. F., & Gettman, L. R. (1989). Developing and managing health/fitness facilities. Champaign, IL: Human Kinetics Books.

Sellers, P. (1990, June 4). What customers really want. Fortune.

Tolve, A. (2009). Meet the new boss. Ode (November/December). Vol 7(Issue 8). Odemagazine.com.

Tyler, R. W. (1949). Basic principles of curriculum and instruction. Chicago: The University of Chicago Press.

제3장

강창동 (2004, 1월 27일). 레저인구 급속 증가. 중앙일보.

구희령 (2016, 10월 29일). 세계1위 PR회사 '에델만' 이끄는 에델만 회장. 중앙일보.

김도년 (2017, 1월 6일). 2차 ICT혁명은 콘텐트··· 3년 뒤 970조 원 시장. 중앙일보.

김영한, 임희정 (2009). 스타벅스 감성 마케팅. 서울: 넥서스 Books.

김진 (2009, 4월 10일). 고객들은, 음악 듣고 그림 본 후 더 많이 쇼핑했다. 조선일보.

남정호 (2009, 4월 7일). 애니콜 휴대폰 있는 분, 먼저 입장하세요. 중앙일보.

뉴스와이어 (2005, 10월 7일). 병무청, 국민과 함께하는 건강한 병역문화정착에 최선. www.newswire.co.kr.

박혜민 (2010, 3월 29일). 트위터로 홍보하고 불만 듣고… 기업과 고객 더 가까워졌어요. 중앙일보.

박찬영 (2011, 11월 9일). 고객만족=성장 '경영의 정석'. 중앙일보.

배은나 (2016, 10월 31일). 정부3.0 병무청. 중앙일보.

배은나 (2016, 12월 1일). "한양공대 노하우 살린 실용 교육으로 직장인 자기계발 도와". 중앙일보.

송덕순 (2016, 11월 25일). 산업수요 맞춤, 융합형 인재 키운다. 중앙일보.

서경호 (2005, 11월 14일). 최고에게는 그만한 이유가 있다. 중앙일보.

스콧 로비넷 외 (2003). 『감성 마케팅』(윤천규 옮김). 서울: 김엔드김북스.

정창복 (1993). 사회체육 마케팅의 전략. 한국사회체육학회 창간호.

허문명 (1995). 기업 '아이디어 별동대' 붐. 동아일보.

최익재 (2004, 10월 27일). CEO-전문직 찾는 차 '입소문 마케팅' 짭짤. 중앙일보.

최지영 (2009, 4월 9일). 힘들 때 힘주며 '코크는 자랐다. 중앙일보.

최지영 (2009, 4월 24일). 스토리는 돈이다… 브랜드 역사도 훌륭한 이야깃거리. 중앙일보.

심재우 (2009, 4월 15일). '제품에 이야기 담아라' 확산되는 스토리 마케팅. 중앙일보.

Cohen, S. & Brand, R. (1993). Total quality management in government. San Francisco: Jossey-Bass.

Cristol, S. M. & Sealey P. (2000). Simplicity marketing. New York: The Free Press.

Gerson, R. F. (1989). Marketing health/fitness services. Champaign, IL: Human Kinetics.

Kavanaugh II, M. T. (1990). "Marketing the public golf course." Professional Golfers' Association of America.

Keiningham, T. L., Vavra, T. G., Aksoy, L. & Wallard, H. (2005). Loyalty myths. Hoboken, NJ: John Wiley & Sons, Inc.

Kotler, P.; Kartajaya, H.; Setiawan I. (2016). Marketing 4.0 Moving from   Traditional to Digital. Hoboken, New Jersey: John Wiley & Sons, Inc.

Luoey, M. P. (1992). "The five Ps of marketing."Executive Edge. 23(7).

Masteralexis, L. P., Barr, C. A., & Hums, M. A. (1998). Principles and practice of sport management. Gaithersburg, MD: Aspen Publishers, Inc.

McKain, S. (2005). What customers really want. Nashville, TN: Thomas Nelson, Inc.

Mullin, B. J., Hardy, S. & Sutton, W. A. (2000). Sport marketing (2nd Ed.). Champaign, IL: Human Kinetics.

Parkhouse, B. L. (1991). The Management of sport. St. Louis: Mosby Year Books.

Patton, R. W. Garantham, W. C., Gerson, R. F., & Gettman, L. R. (1989). Developing and managing health/fitness facilities. Champaign, IL: Human Kinetics.

Rosen, B. S. (1992, October). "Creative marketing for outdoor programs."NRPA Congress for Recreation and Parks, Cincinnati, Ohio.

Stielstra, G. (2005). Pyromarketing. New York: HarperBusiness.

Stotlar, D. K. (2001). Developing successful sport sponsorship plans. Morgantown, WV: Fitness Information Technology, Inc.